Alessandro Casagrande

SOCIAL NETWORK ANALYSIS

COME TROVARE E INFLUENZARE I TUOI CLIENTI

SOCIAL NETWORK ANALYSIS
COME TROVARE E INFLUENZARE I TUOI CLIENTI
Seconda edizione 2018

Autore: Alessandro Casagrande
casagrandealessandro@yahoo.it

Progetto grafico
Marco Scremin
www.wearedaniels.com

Copywriter
Laura Repossi

Stampato da
Lulu.com

ISBN: 978-0-244-95161-0

Ringraziamenti
Il libro ha coinvolto nella sua ideazione e sviluppo molte persone che ringrazio. Un ringraziamento particolare a Daniela che mi ha sostenuto durante tutto il tempo necessario alla realizzazione del libro.

INTRODUZIONE

Ancora oggi aziende e agenzie continuano a investire milioni di euro in tradizionali campagne pubblicitarie quando quello che riesce davvero a fare presa nella mente del consumatore e lo porta successivamente all'acquisto, è gratis. Che cos' è? Il passa parola.

Si stima che il passa parola sia ad oggi, uno dei principali fattori di successo nella vendita. Conta, infatti, dal 20% al 50% nel momento della decisione di acquisto(Fonte: McKinsey April 2010). Il posizionamento all'interno di questa forbice, dipende dalla fonte del passaparola:"Da chi sta comunicando il messaggio". Ci sono infatti persone convincenti ed esperte che riescono a influenzare le decisioni di altre persone. Per questo sono chiamate: "Influenzatori".

Gli influenzatori rappresentano solo una piccolissima parte della popolazione e l'1% esercita la sua influenza nell'ambiente digitale. Il loro potere ha dell'incredibile, basti pensare che, rispetto ad un qualsiasi comunicatore, la loro capacità di generare passaparola è tre volte superiore, mentre l'impatto sulla decisione d'acquisto è ben quattro volte maggiore. Immaginate, quindi, di riuscire a collaborare con questi soggetti per promuovere un vostro prodotto, un evento, un'idea, un partito o un brand... potrebbero garantirvi il successo oppure, se vi troverete contro questi potenti influenzatori, l'insuccesso.

Nasce, così, questo libro, il cui intento è presentare in modo semplice e accessibile a tutti, le principali tecniche attualmente conosciute e utilizzate da pochi eletti, per la maggiore parte multinazionali o grandi agenzie, per trovare e influenzare i propri potenziali clienti, fruitore, elettori.

Vedremo insieme cos'è il passaparola e potremmo quantificarlo, tramite il calcolo dell'indice di "word of mounth equity". Ancora, vedremo come utilizzare i motori di ricerca, i social media e i big-data per controllare l'informazione e usarla a nostro vantaggio. Il libro vi porterà ad apprendere i principali metodi per identificare dove si trovano i clienti e potenziali clienti online e, per la gioia di chi opera nell'ambito della comunicazione, le tecniche operative per scovare gli influenzatori, ossia coloro che hanno il potenziale per aiutare a promuovere un'idea, un evento, un progetto, un prodotto... Un libro che permetterà di diventare consapevoli, nel momento in cui entreremo in un negozio, voteremo o leggeremo un giornale, del fatto che potremmo essere stati influenzati nella nostra decisione.

Un manuale capace di trasmette una conoscenza, oggi sfruttata solo da poche imprese per convincere le persone a compiere il proprio volere: acquistare, cambiare idea, votare, informare-disinformare. Una conoscenza che rende capaci di gestire l'informazione e quindi di controllare il comportamento delle masse prevedendone i comportamenti, tanto da assicurarsi le loro preferenze.

Il libro si struttura in sezioni descrittive e teoriche, sempre accompagnate da modelli di sintesi operativi tanto semplici quanto rivoluzionari. La loro applicazione assicura, infatti, al lettore di utilizzare in piena sicurezza tematiche complesse e delicate, orientate a influenzare le persone, senza che queste se ne rendano conto. Primo fra tutti viene spiegato il COMB MODEL, modello indispensabile in quanto capace di aggiornare la funzione comunicazione in azienda e di introdurre ai temi legati alle reti sociali, al loro studio e alla loro gestione. Seguire questo modello permette di comprendere tutto ciò che deve essere fatto per identificare le figure chiave, da inserire nelle strategie di comunicazione.

Il libro utilizza il web come fonte di dati. Attraverso l'uso di opportuni software spiegheremo le tecniche per scandagliare la rete e i principali social media, con l'intento di scovare dove si stia parlando dell'azienda o di tematiche importanti per l'organizzazione. Vengono spiegati i modi per identificare dove siano i clienti online e come disegnare le reti sociali, che si vengono a creare attorno a questi. Infine, il libro spiega come individuare tutti i soggetti che, all'interno della rete o delle reti sociali identificate, ricoprano uno specifico ruolo e con cui risulterà importante collaborare, ai fini di veicolare attraverso questi, un messaggio che diventerà condiviso e influenzante. Non si parlerà solo di influenzatori: scopriremo che esistono molte altre figure con ruoli ben determinati utili ai nostri fini d'influenzare.

Il lettore sarà accompagnato all'interno della Social Network Analysis (SNA), la scienza che spiega cosa siano le reti sociali, come mapparle e studiare le relazioni che si creano tra le persone. Il lettore prenderà dimestichezza nel maneggiare i big data e rappresentarli tramite nodi e loro relazioni. Imparerà come i nodi possano ricoprire ruoli differenti, da semplici nodi ad hub e da snodi a *Gatekeeper*. Ancora, tramite semplificati indici matematici statistici, scoprirà come e dove abitino i tanto ricercati influenzatori. Tutto questo sempre aiutati da sicuri modelli operativi, utili a lettori ancora inesperti, così da non danneggiare, anche seriamente la propria immagine o quella dell'azienda.

Primo fra tutti lo S.N.A.P. Model: Social Network Activity Plan. Il modello capace di aiutare il lettore a pianificare e lavorare in piena sicurezza e correttamente con le reti sociali, in ottica SNA. Attraverso l'utilizzo del modello, si potrà andare a identificare tutti coloro che potranno aiutare a rendere la propria comunicazione più performante, nel momento in cui si deve lanciare un nuovo prodotto, promuovere un evento o una persona, gestire una crisi, lanciare varie comunicazioni aziendali e molto altro ancora.

Un intero capitolo del libro è dedicato alla segmentazione. Se ci poniamo come obiettivo quello di andare ad identificare dove siano i clienti d'impresa online, di fatto, si sta per realizzare la segmentazione del mercato. Anche in questo caso il modello operativo, modello a Cinque Punte, sarà in grado di guidare il lettore nel crearsi la propria segmentazione della clientela online. In ultima, verranno presentati anche i temi dell'Online Media Relation, la declinazione digitale dell'ufficio stampa, con l'obiettivo di comprendere il comportamento dei propri clienti e potenziali clienti, oltre a monitorare la valutazione che il cliente ha dato o sta dando del brand, prodotto o servizio acquistato. Si tratta dell'ultima fase del Comb Model, comunque fondamentale per chi vuole operare con professionalità sulle tecniche spiegate dal libro.

Buona lettura a tutti e preparatevi ad analizzare le conversazioni online, scovare gli influenzatori e promuovere la vostra impresa.

Alessandro
Mi trovi anche su caffebollenteintazzagrossa.it

SOCIAL NETWORK ANALYSIS
COME TROVARE E INFLUENZARE I TUOI CLIENTI

UN NUOVO MODO PER MISURARE IL PASSAPAROLA

- COME MISURARE IL PASSAPAROLA

- GLI ELEMENTI PER UN PASSAPAROLA DI SUCCESSO

- METODI PER INFLUENZARE LE FOLLE

- PERSUADERE È L'ANTICAMERA DEL CONVINCERE

- MODELLI DI COMUNICAZIONE PER INFLUENZARE

UN NUOVO MODO PER MISURARE IL PASSA PAROLA
Fonte: McKinsey April 2010

Ancora oggi le aziende continuano a spendere milioni di euro in campagne pubblicitarie tradizionali, anche se è ormai appurato che a convincere veramente il consumatore e lo porta anche all'acquisto, è gratis: parliamo del passa parola o "*Word Of Mouth*". Detto anche "*buzz*", il passaparola non è altro che il consiglio su cosa fare, cosa acquistare, credere o evitare che una persona riceve da una fonte di cui si fida. Questo è quanto scrive McKinsey in un datato studio del 2010, e ad oggi le cose non sono cambiate. Si stima che il *word of mouth* (da adesso sintetizzato come WOM) sia uno dei principali fattori di successo nella vendita: conta dal 20% al 50% nel momento della decisione di acquisto, con un peso che varia in base al "rischio" percepito da parte del consumatore nel momento dell'acquisto. L'importanza aumenta, infatti, quando il consumatore deve approcciarsi a un acquisto per la prima volta e quindi è portato a ricercare un numero di informazioni maggiori. Dalla figura che segue notiamo anche l'importanza che ancora ha il passa parola in tutti i mercati non maturi, dove quindi c'è ancora molto da dire, da fare e da influenzare.

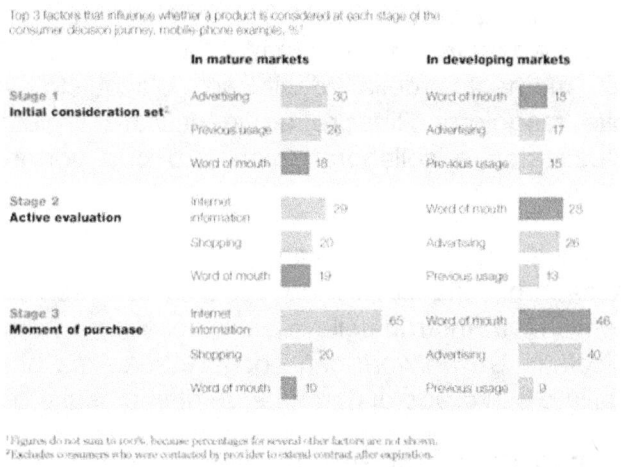

COME MISURARE IL PASSAPAROLA
Fonte: McKinsey April 2010

Anche il passaparola è quantificabile con l'indice "*word of mouth equity*". Possiamo misurare la capacità del *brand* - marca - di generare messaggi in grado di influenzare le decisioni di acquisto del consumatore. Prima di spiegare come calcolare l'indice, è necessario sapere che, ogni volta che il consumatore identifica in se un bisogno,

intraprende un processo di sue considerazioni personali circa le marche (*brand*) che possono soddisfare questo bisogno. Un vero e proprio catalogo nella testa del consumatore contenente marche di cui ha l'esperienza, ma anche *brand* che gli sono "solo" stati raccomandati o che ricorda grazie a campagne di *brand awareness*. Una varietà di informazioni che dopo sue elaborazioni lo porteranno a decidere se e cosa comperare. Se sfruttato proprio in questa prima fase del processo d'acquisto, il WOM può portare un consumatore a considerare una specifica marca o uno specifico prodotto/servizio in un modo addirittura più efficace di una campagna di comunicazione incrementale. I capitoli che seguiranno vi porteranno a conoscere delle tecniche potenti perché capaci di influenzare e proprio per questo da usare con cautela e nel rispetto delle persone.

La ricerca di McKinsay ha identificato tre tipologie di passa parola che gli uomini di marketing dovrebbero conoscere:

1. WOM Esperienziale;

2. WOM Consequenziale;

3. WOM Intenzionale;

WOM Esperienziale: è il consiglio che deriva da una diretta esperienza che il consumatore ha avuto con un prodotto o un servizio. Spesso questa esperienza è anche negativa e genera un passa parola negativo.

WOM Consequenziale: è il parere che si crea nella mente del consumatore circa una marca, prodotto o servizio dopo che è stato esposto a un messaggio pubblicitario. L'impatto di questi messaggi sul consumatore possono essere anche forti sia a favore, sia a sfavore della marca. E' quindi opportuno verificare il parere che il consumatore si è fatto della marca.

WOM Intenzionale: accade quando la comunicazione aziendale usa *testimonial* per aiutare a generare un passa parola positivo.

In tutti e tre i casi, quello di cui il marketing necessita è un sistema in grado di capire e misurare l'impatto positivo o negativo del WOM che si genera sulla persona che vogliamo influenzare. Un impatto che è anche finanziario. Si parlerà quindi di "*Word of*

Mouth Equity" calcolato come:

WOM Equity = Impatto medio sul fatturato generato da un messaggio pubblicitario, moltiplicato per il numero di passa parola generati da parte degli utenti.

Studiando il WOM Equity è possibile testare gli effetti sia sulle vendite sia sulla quota di mercato del *brand*.

Esempio del calcolo del *Word of Mouth*: per aiutare le vendite l'azienda ha strutturato una campagna di comunicazione online promuovendo la sua marca. Le vendite sono aumentate del 10%, passando da 1.000 euro a 1.100 euro, in seguito alla campagna online che ha generato ben 150 messaggi di WOM grazie a blogger che hanno ripreso la notizia. Calcoliamo adesso il **WOM Equity** come:

WOM Equity = (1000 * 10%)/150 = 0,66 euro

Questo significa che ogni messaggio di passa parola ha garantito all'impresa 0,66 euro. Avendo avuto 150 messaggi di passa parola posso monetizzare il valore del WOM complessivo come: WOM = (150*0,66) ≅ 100 euro. Oltre a un incremento di fatturato, la campagna di comunicazione è riuscita a favorire passa parola positivi che hanno convinto il consumatore a scegliere ciò che aveva già scelto per loro l'azienda . L'azienda è riuscita quindi a influenzare il consumatore e a dirigerlo verso comportamenti da essa prestabiliti.

GLI ELEMENTI PER UN PASSA PAROLA DI SUCCESSO
Fonte: McKinsey April 2010

L'impatto, quindi l'abilità di influenzare i comportamenti di uno specifico gruppo di consumatori, con un WOM di successo, è dipeso e dipende sempre da quattro elementi che devono essere espressi prima di diffondere qualsiasi messaggio:

1.   WHAT - Cosa dire;

2.   WHO - Chi lo deve dire;

3.   WHERE - Dove dirlo;

4.   WHEN – Quando dirlo.

Andiamo ad analizzare gli elementi di successo.

Cosa dire: il contenuto di un messaggio deve comunicare tutti i benefici dell'offerta che interessano al pubblico che vogliamo influenzare (detto *target*). Per esempio nella categoria "cellulari", la durata della batteria è un elemento da comunicare perché, influenzante: porta il pubblico ad acquistare un modello rispetto ad un altro. Per cosmetici invece *packaging* e gli ingredienti creano più WOM rispetto ai messaggi emozionali.

Chi lo deve dire: riguarda l'identità della persona che manda il messaggio. Per convincersi all'acquisto, il ricevente deve ritenere che chi invia il messaggio sia fidato ed esperto della categoria di prodotto di cui parla. Un esperto di automobile può influenzare chi vuole acquistare un'automobile, ma non chi vuole acquistare prodotti di bellezza. Un dato importante da considerare è che solo l'8% di una qualsiasi popolazione può ritenersi influenzatore ovvero capace di influenzare perché effettivamente preparato e affidabile su una dato argomento/categoria di prodotto. Solo l'1% di questi influenzatori sono digitali, essenzialmente blogger con un potere che ha dell'incredibile. La capacità di generare WOM di un messaggio inviato da un influenzatore è 3 volte maggiore rispetto a quella di un messaggio inviato da un non influenzatore. Inoltre un'opinione espressa da un influenzatore ha un impatto sul consumatore nel momento della decisione d'acquisto 4 volte maggiore. Riuscire ad identificare i giusti influenzatori e collaborare con loro può portare quindi al successo.

Dove dirlo: riguarda l'ambiente nel quale il passaparola sta circolando ossia la rete sociale (*network*) all'interno della quale il messaggio viene veicolato. Un *network* con poche utenze ma ben profilato è in grado di garantire un ottimo risultato.

Quando dirlo: fondamentali sono i "tempi della relazione", quando dire una certa cosa. Bisogna prevedere le tempistiche della relazione: dire la cosa giusta al momento giusto.

METODI PER INFLUENZARE LE FOLLE

Fonte: Prof. Oliviero Russo - Manuale Psicologia Consumatori 2009

Molti sono i metodi usati nel passato e ancora oggi per influenzare il consumatore: eccoli sintetizzati.

L'**informazione**: informare è uno dei modi per influenzare. Le informazioni di cui dispongono le imprese concorrono a costruire un sistema di conoscenze che possono essere usate anche per orientare il comportamento. In questo senso fornire a un soggetto nuove notizie, nuovi dati o contenuti specifici circa un qualsivoglia aspetto della sua esistenza è utile per indurlo a tenerne conto anche nel momento in cui sarà chiamato a prendere una decisione.

La **persuasione**: persuadere significa indurre il proprio interlocutore a modificare consapevolmente la propria opinione, alla luce di un argomento convincente. La persuasione fa appello alla razionalità, mostrando come il proprio discorso sia fondato, dalle premesse ai passaggi logici fino alla conseguenza. Presuppone un interlocutore ragionevole disposto a mettere in discussione la propria opinione e quindi a lasciarsi persuadere ad adottare quella nuova. La persona che viene persuasa, o più propriamente che si persuade, riconosce la verità dell'argomento che pertanto risulta persuasivo. È il prevalere della ragione non il prevalere di chi ha ragione o il dare ragione a chi prevale. La persuasione pubblicitaria è una modalità di influenzare che fonda la sua efficacia sui processi cognitivi di un consumatore disposto a dare il proprio consenso a una proposta che gli appaia credibile.

La **seduzione**: sedurre significa condurre a sé, attrarre l'altro e indurlo a seguire spontaneamente nei pensieri e nelle azioni. La seduzione è una forma di comunicazione che fa appello all'emozione. Questa influenza il soggetto ponendosi come risposta illusoria piuttosto che reale ai suoi bisogni, ai suoi desideri. L'autorevolezza della fonte induce a credere nelle sue affermazioni, il sentimento di appartenenza a un dato gruppo sociale induce a fidarsi di chi se ne fa interprete, guida la simpatia verso chi si mostra amichevole, solidale e suscita consensi, emozioni piacevoli che attraggono. L'umorismo rende disponibile così via. In questo senso la comunicazione pubblicitaria vuole suscitare interesse, adesione complicità e consenso.

Chi informa persuade o seduce, riesce a modificare atteggiamenti, azioni e comportamenti del consumatore. Non tutti saranno in grado di raggiungere tale obiettivo. Diventa centrale aver capito sia cosa fare per influenzare sia identificare chi potrà aiutare l'impresa in questa attività.

PERSUADERE E' L'ANTICAMERA DEL CONVINCERE

Fonte: Prof. Oliviero Russo - Manuale Psicologia Consumatori, 2009

Quando lavoriamo per un'azienda, il fine di tutta l'attività atta a generare WOM, è convincere i clienti o potenziali clienti a compiere un'azione predeterminata, solitamente l'acquisto di un prodotto/servizio. Per raggiungere questo obiettivo l'azienda deve comunicare messaggi persuasivi. Il come intraprendere la strada della persuasione parte dal capire che tipo di cambiamento l'azienda intende promuovere nel *target*. Esistono tre tipologie di cambiamento possibile:

1. **Cambiamento cognitivo**: modifico cosa pensa il target;

2. **Cambiamento all'azione**: induco un certo numero di persone a compiere una specifica azione entro un determinato periodo di tempo. Affinché ci sia un cambiamento dell'azione occorre fornire adeguate informazioni ed efficaci motivazioni in base alle quali gli individui sono spinti a compiere una specifica azione;

3. **Cambiamento comportamentale**: consiste nell'indurre una modificazione più o meno permanente del comportamento di un gruppo di persone.

Sulla base di queste tre tipologie di cambiamenti, gli esperti di comunicazione hanno evoluto nel tempo i loro modelli di comunicazione. Sempre più l'azienda lascia una comunicazione di massa, gestita internamente, per adottare una comunicazione che prevede il coinvolgimento di professionisti esterni per promuovere l'offerta e i valori aziendali. Una comunicazione non più generale e aspecifica, ma attenta a ben profilare il pubblico a cui si rivolge per proporre un messaggio specifico per ogni gruppo di persone che intende influenzare.

MODELLI DI COMUNICAZIONE PER INFLUENZARE

Fonte: Prof. Oliviero Russo - Manuale Psicologia Consumatori, 2009

E' interessante scorrere velocemente i diversi modelli teorici di comunicazione che si sono susseguiti nel tempo e capire la tipologia di influenza che riescono ad avere sul pubblico. Inizialmente, si era adottato il *Modello di comunicazione di massa che* voleva comprendere come la comunicazione trasferisse le informazioni dal produttore al consumatore del messaggio. Questo modello considerava il cambiamento degli atteggiamenti l'esito del processo di trasferimento di informazioni, operato attraverso la pubblicità e gli altri strumenti di comunicazione, senza una partecipazione attiva del consumatore. Gli individui erano considerati preda passiva dei messaggi affidati ai comizi, ai manifesti, ai volantini, ai cinegiornali. I mezzi di massa operavano come proiettili che centravano necessariamente il bersaglio, perché miravano a innescare meccanismi automatici, che governavano i comportamenti delle folle. Successivamente si è affermato il *Modello di comunicazione con* **Testimone**: il messaggio promozionale di per sé ha perso il suo valore determinante e influenzante, provocando un effetto se avvalorato dalla testimonianza di persone degne di fiducia. In questa comunicazione "persuasiva" è divenuto importante coinvolgere coloro che potevano diventare testimoni (*opinion leader)* per gli altri. Negli ultimi decenni si è, invece, affermato il *Modello di comunicazione interazionista*: i consumatori non sono più considerati una massa amorfa e passiva, ma come consapevoli produttori di beni simbolici alla ricerca di indicazioni per informarsi, divertirsi e consolidare l'identificazione con il proprio gruppo di appartenenza. Si afferma l'immagine di un consumatore che interagisce in maniera profonda con il messaggio ed è visto non più sopito di fronte alle informazioni che giungono dall'esterno, ma come co-costruttore di significati secondo quattro modalità:

1. Il consumatore reagisce agli oggetti e alle informazioni sulla base del significato che egli stesso contribuisce a dare alle informazioni e alle cose;

2. Il contesto culturale di riferimento e le relazioni sociali contribuiscono ad attribuire un significato alle cose;

3. Il significato viene costruito attraverso un processo interpretativo continuo e persistente;

4. Il consumatore comunica la sua opinione alla propria rete sociale di appartenenza.

Il pubblico tende ad esporsi alle informazioni congeniali alle loro attitudini e a evitare i messaggi difformi. Alcuni soggetti del pubblico acquisiscono un ruolo riconosciuto all'interno della loro rete sociale e diventano capaci di persuadere persone a loro collegate, dalle quali sono ritenuti "autorevoli su una specifica tematica". Per l'impresa che comunica diventa perciò importante quello che queste persone dicono/scrivono perché capaci di influenzare gli acquisti di altri membri della loro rete sociale e di modificare la percezione che un consumatore ha della marca/offerta aziendale. Si inizia a parlare quindi di influenzatori.

Troviamo un'applicazione del modello di comunicazione interazionista nella nota *community* di Tripadvisor.com: un portale web di viaggi che pubblica le recensioni degli utenti riguardo hotel, ristoranti e attrazioni turistiche. Ad oggi conta più di 35 milioni di recensioni. L'utente della *community* viene costantemente influenzato nella scelta del suo viaggio dalle recensioni che altri viaggiatori come lui hanno lasciato sul portale a termine della sua esperienza. L'utente-viaggiatore rilascia una recensione diventando così esso stesso influenzatore verso chi ancora non ha provato la sua stessa esperienza. Una recensione negativa ha la capacità di annullare istantaneamente migliaia di euro investiti dalla struttura "bersaglio" nelle campagne di promozione.

SOCIAL NETWORK ANALYSIS
COME TROVARE E INFLUENZARE I TUOI CLIENTI

CAPITOLO 2

RISTRUTTURARE LA FUNZIONE COMUNICAZIONE

- MODELLO A PETTINE: COMB MODEL

- INFLUENCER MARKETING IN ITALIA

- INFLUENCER MARKETING: INTRODUZIONE ALLE RETI SOCIALI

RISTRUTTURARE LA FUNZIONE COMUNICAZIONE
Fonte: Prof.ssa M.G. Confetto - UniSalerno

Facendo tesoro del modello di comunicazione interazionista, alcune imprese oggi iniziano a includere nelle loro strategie di comunicazione, quelle tipiche figure che, se attivate, sono capaci di persuadere i diversi *target* a cui l'impresa è solita comunicare. Parliamo dei *leader* d'opinione, conosciuti anche come **influenzatori**. Sono figure chiave capaci di modificare gli atteggiamenti delle persone. Come identificare quindi queste figure così importanti?

Sul web è più semplice in quanto si formano strutture aggregative, dette *cluster*/segmenti, che hanno come nesso di connessione un interesse, un'esigenza, una passione, un sentimento e replicano al loro interno le dinamiche di comportamento tipiche dei gruppi umani. Al loro interno nascono influenzatori, persone capaci di orientare le scelte dell'intero gruppo. E' quindi importante per l'impresa identificare i *cluster*/segmenti, catalogare gli abitanti e scovarne gli influenzatori. E' il primo passaggio per verificare il loro interesse a collaborare con l'impresa stessa nella comunicazione persuasiva verso gli abitanti dello specifico *cluster*/segmento. Ecco che il modello di comunicazione interazionista risulta vincente in quanto prevede che le informazioni, veicolate tramite i *mass media*, raggiungono indirettamente il pubblico, perché passano prima attraverso gli influenzatori.

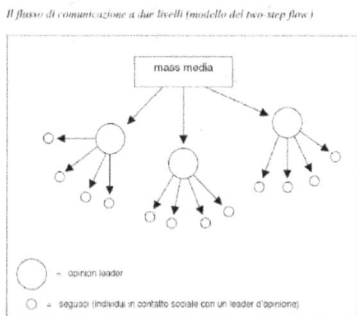

Le conclusioni a cui giunge il modello sono le seguenti: il flusso della comunicazione di massa risulta meno diretto di quanto solitamente supposto e l'influenza dei *mass media* è meno automatica e meno potente di quello che si può credere.

Nel modello le influenze prodotte dai *mass media* raggiungono inizialmente gli influenzatori, i quali sono in grado di condizionare l'opinione e poi i comportamenti delle altre persone dette seguaci (*followers*). Attenzione però, perché queste figure detengono un ruolo di rilevanza solo all'interno dei confini del loro specifico *cluster*/segmento di appartenenza. Possiamo dire che questi utenti sono come tutti gli altri abitanti del gruppo ma, con qualche "potere in più", che gli è riconosciuto proprio dagli abitanti dello stesso gruppo. Gli influenzatori non sono, quindi, i detentori di una *leadership* ad ampio raggio ma di un'autorevolezza che inizia e finisce all'interno del loro specifico gruppo di appartenenza.

Vediamo un esempio di un'impresa, operante nel settore farmaceutico, che lancia un nuovo farmaco sul mercato e che si avvale degli informatori scientifici, appartenenti al canale della distribuzione, per far conoscere e promuovere il prodotto presso la comunità dei medici. L'impresa farmaceutica elabora la scheda tecnico-informativa sul nuovo farmaco e definisce le linee guida del messaggio alle quali l'informatore scientifico dovrà attenersi, nel momento in cui contatta e interagisce con i medici specialisti destinatari del messaggio e primo *target* identificato dall'impresa. I medici specialisti a loro volta diffonderanno il messaggio, all'interno del *cluster*/segmento cui appartengono (la sanità, un ulteriore livello di comunicazione) questa volta verso i medici di base (secondo *target* dell'impresa), ad esempio in occasione di eventi (riunioni, conferenze e congressi). I medici specialisti trasferiscono le informazioni tecniche e danno consigli ai medici di base, circa l'utilizzo del farmaco. In questa seconda fase del processo di comunicazione, il ruolo che i medici specialisti hanno verso i medici di base, è proprio quello di influenzatori. A loro volta i medici di base attivano un ulteriore livello di comunicazione nel contatto con i propri pazienti. I medici di base, quindi nel *cluster*/segmento della sanità rappresentano i seguaci degli specialisti, ma diventano influenzatori per i pazienti (terzo *target* dell'impresa), prescrivendo loro il farmaco e offrendo consigli per il suo corretto utilizzo.

Per l'impresa farmaceutica, sia i medici specialisti sia i medici di base rappresentano degli influenzatori da inserire all'interno del loro piano di comunicazione. Questo non vuol dire che l'azienda non debba comunicare il proprio prodotto all'utenza finale, ma in questo caso, si parlerà di una strategia di comunicazione verso il consumatore finale, atta a presentare l'esistenza dell'azienda e la sua missione, non certo a convincere e persuadere ma solo a garantire una riconoscibilità e notorietà di marca. E' sicuramente più performante invece, prevedere anche una comunicazione a più fasi che vada a identificare e coinvolgere i diversi *target* d'impresa e certamente i loro influenzatori.

Se oggi le imprese intendono recepire il nuovo modello di comunicazione, devono aggiornare la propria funzione comunicazione, aprendola a figure si importanti ma esterne ad essa: gli influenzatori. Tutto questo porta un necessario aggiornamento anche del piano di rendicontazione della funzione: il piano di comunicazione che non può più fermarsi a una comunicazione di massa, perché non è più efficace ed efficiente. Non basta più, ma deve necessariamente, partendo dal consumatore finale, identificare i diversi interlocutori che intervengono nel processo d'acquisto. Il piano di comunicazione deve iniziare a ragionare su chi è il consumatore finale, quali sono le valutazioni che fa prima di arrivare all'acquisto e dove e da chi si informa. Diventa d'obbligo coinvolgere questi "informatori" nel piano di comunicazione e ciò che renderà la comunicazione efficace ed efficiente sarà il collaborare con il giusto influenzatore. Sia per l'identificazione dei *cluster*/segmenti, che degli influenzatori e successiva loro attività di coinvolgimento nella comunicazione persuasiva, Internet ricopre un ruolo centrale e facilitante. La funzione comunicazione cambia veste e nome, arriva *l'Online Media Relation*.

MODELLO A PETTINE: COMB MODEL
Fonte: elaborzione personale

La funzione comunicazione in azienda si evolve, iniziando a coinvolgere una figura mai prima considerata, l'influenzatore: persona da attivare per rispondere alle richieste dei clienti o potenziali clienti, durante il loro processo d'acquisto. Per comprendere come operativamente aggiornare la funzione comunicazione, è necessario studiare la struttura di un generico processo d'acquisto B2C (*business to consumer*) distinguendo cinque distinte fasi che coinvolgono appieno il consumatore:

1. Identificazione di un problema: il consumatore percepisce una insoddisfazione che fa scaturire in lui la presenza di un problema da risolvere;

2. Ricerca di informazioni: ci sono molti modi per risolvere un problema. Il consumatore acquisisce informazioni per identificare la miglior soluzione al suo problema;

3. Valutazione delle alternative: modi diversi per risolvere uno stesso problema. Il consumatore cercherà la modalità che più andrà a soddisfarlo;

4. Decisione d'acquisto: un momento cruciale perché il consumatore può diventare cliente d'impresa, acquistando la soluzione al problema proposta dall'azienda;

5. Comportamento dopo l'acquisto: il cliente provando il prodotto, inizia a farsi una sua specifica opinione e come previsto dal modello di comunicazione interazionista, andrà a condividere la sua valutazione, all'interno del *cluster*/segmento, gruppo di sua appartenenza.

Per ognuna delle cinque fasi la funzione comunicazione può rispondere al potenziale cliente, per persuaderlo a compiere una specifica azione premeditata dall'impresa come ad esempio l'acquisto.

L'integrazione fra il processo di acquisto del consumatore e il processo di comunicazione aziendale, viene riassunta in un modello definito "a pettine" che prende il nome di: **Comb Model**. Il modello prevede un modo innovativo ma strutturato, per costruire la strategia di comunicazione d'impresa, che si attiva in ognuna delle cinque fasi del processo d'acquisto. La sua applicazione permetterà alle imprese di aggiornare la propria funzione comunicazione.

Il modello "Comb Model" è strutturato in fasi, vediamole:

The Comb Model

Fase1: l'utente identifica un problema: l'azienda risponde con una **comunicazione di tipo Corporate** tramite la quale presenta al mercato la propria missione, visione e valori con l'intento di creare nella mente del consumatore una specifica immagine dell'azienda.

Fase2: l'utente ricerca informazioni. Maggiore è l'interesse del consumatore verso l'acquisto che deve fare e più tempo dedicherà ad acquisire informazioni. A tal proposito il consumatore si troverà ad dover affrontare il rischio percepito noto come l'incertezza sulla portata delle conseguenze, derivanti dalla scelta da compiere. In letteratura si identificano sei tipi di rischio percepito, che portano il consumatore a ricercare specifiche tipologie di informazioni:

Rischio funzionale: quando le caratteristiche e gli attributi del prodotto non corrispondono alle attese;

Rischio finanziario: in caso di sostituzione o riparazione da compiere a proprie spese, se il prodotto acquistato è difettoso;

Rischio di perdita di tempo: dovuto alle ore dedicate ai reclami, resi di distributori, riparazioni, ecc.;

Rischio fisico: provocato dai prodotti il cui consumo o utilizzo potrebbe presentare dei pericoli per la salute o per l'ambiente;

Rischio sociale: se il prodotto acquistato trasmette un'immagine sociale che non corrisponde alla personalità del cliente;

Rischio psicologico: rispecchia una perdita di amor proprio o un'insoddisfazione generale, in caso di cattivo acquisto.

Per ridurre il rischio percepito prima della decisione d'acquisto, il cliente ricorre all'informazione nelle sue varie forme: fonti di natura personale (amici, famiglia, vicini, *opinion leader* o passaparola), fonti commerciali (pubblicità, venditori e cataloghi), fonti pubbliche (test compartivi e pubblicazioni ufficiali), fonti legate all'esperienza (prove, verifiche ed esami del prodotto). Il ricorso alle fonti sarà tanto più importante quanto più alto è il rischio percepito.

In questa fase l'impresa può reagire attivandosi con una **comunicazione di marketing** orientata a presentare a specifici segmenti di clientela non più i valori, ma i quattro argomenti previsti nelle quattro leve del marketing mix: cosa può risolvere il problema e quanto costa, dove comperare e quali sono i vantaggi dell'offerta aziendale.

FASE3: l'utente valuta le alternative. In questa fase abbiamo a che fare con un consumatore che trova sul mercato tanti prodotti/servizi simili e deve scegliere tra loro. Proprio in questa fase si inserisce l'attività di *influencer marketing* volta a identificare l'influenzatore più appropriato, tramite il quale veicolare il messaggio al consumatore così da aumentare le *chance* di essere poi scelta. Bisognerà attivare il giusto influenzatore che comunicherà con l'intento di persuadere il pubblico a valutare il prodotto dell'azienda come l'unica possibile soluzione a un dato bisogno. Considerando, infatti, la forte pressione di marketing sui consumatori è sempre più difficile per le imprese "farsi ascoltare". Molte aziende continuano con una comunicazione di massa, ma le imprese che hanno capito l'importanza di includere nelle azioni di comunicazione gli influenzatori riescono maggiormente ad attivare i consumatori creando nuove opportunità di vendita.

FASE4: l'utente decide cosa comprare. Questa non deve essere considerata una fase passiva per l'impresa perché proprio nel momento in cui è avvenuta la decisione d'acquisto da parte del consumatore, l'impresa deve capire se c'è stato per lei un ritorno dell'investimento delle attività svolte nelle 3 fasi precedenti, attivandosi con:

- *Panel* sui consumatori per verificare il livello di soddisfazione della clientela (analisi di *brand tracking*);

- Calcolo del WOM Equity;

- Sviluppo della *Media Coverage*: mappare i media e supervisionare gli articoli che hanno tratto temi riguardanti l'azienda.

All'interno di questa quarta fase, l'ufficio comunicazione farà il punto della situazione sulle attività svolte, presentando un *report* con i risultati raggiunti e la spesa sostenuta per ogni attività svolta in termini di: *awareness*, livello di risposta, copertura e visibilità, ed *engagement*. Sarà proprio da questo *report* che si identificheranno le attività più performanti sulle quali vale la pena continuare a investire.

FASE5: l'utente intraprende un comportamento post acquisto. Come specificato dal modello interazionista, il consumatore non è più parte passiva del processo d'acquisto, ma attiva e propone alla sua rete sociale l'esperienza fatta con il *brand* aziendale. Vale quindi la pena andare a verificare come viene percepito il brand aziendale, dalla propria clientela, con attività di *online media relation*. Ancora una volta Internet facilita questa attività perché ascoltando la rete internet, è possibile avere un riscontro quasi immediato della percezione del brand da parte del mercato.

Cosa è quindi questa *"Online Media Relation"*? E' l'aggiornamento digitale del "vecchio" ufficio stampa, che inizierà a svolgere una triplice attività: scovare dove si parla della marca e valutarne le relazioni, profilare chi parla della marca e/o di certe tematiche, verificare se i Media stanno trattando temi aziendali o parlando della marca. Dopo questa fase si attiverà anche la funzione CRM (*Customer Relationship Management)* d'impresa, così da rispondere a tutte le richieste, commenti, altro, scaturiti nel web e non solo.

Si accosta, quindi, a un modello di acquisto, messo in moto dal cliente, un nuovo modello di comunicazione dell'azienda, volto a presidiare le diverse fasi del processo di scelta con argomenti di comunicazione aziendale. Ci rendiamo conto di come il cliente non venga mai lasciato da solo. L'impresa lo identifica e lo segue con argomenti di comunicazione differenti e comunicatori differenti. Il piano di comunicazione aziendale aumenta sicuramente in complessità ma, in modo proporzionale, anche in efficacia ed efficienza. Questo processo di comunicazione continuo ha il fine di portare il consumatore a decidere di tenere predeterminati comportamenti.

Viene proposto adesso un ulteriore modello di sintesi delle reazioni che i consumatori hanno dopo essere stati sottoposti a questa nuova strategia di comunicazione che prevede per ogni fase del processo d'acquisto una risposta della funzione comunicazione d'impresa.

1. Fase di esposizione al messaggio: il *target* è colpito con il messaggio persuasivo;

2. Fase di attenzione: il *target* passa da essere passivo a essere attento e recepisce il messaggio persuasivo;

3. Fase di comprensione: il *target* comprende il messaggio;

4. Fase di accettazione o rifiuto: il *target* può scegliere se considerare o no veritiero o interessante il messaggio e si costruisce una sua opinione;

5. Fase di persistenza del cambiamento: il *target* non vuole cambiare il suo modo di pensare/ essere;

6. Fase di azione, sulla base di nuove ipotesi. E' il comportamento che scaturisce dal *target*, dopo che è stato colpito dal messaggio.

Sei fasi che portano il nostro *target* a prendere una decisione e a compiere una specifica azione. In ognuna delle sei fasi, il ricevente del messaggio può decidere se ascoltare o no chi sta comunicando. Considerando, tuttavia, la forte pressione di marketing che oggi preme sui consumatori, è sempre più difficile per le imprese "farsi ascoltare". Ecco perché le imprese hanno capito l'importanza di includere nelle azioni di comunicazione gli influenzatori, capaci di rendere più performante il loro messaggio. L'azienda, quindi, deve identificare e attivare queste figure che saranno capaci, all'interno del loro gruppo ossia della loro rete sociale, di creare un passa parola positivo. Ecco che, un nuovo capitolo si sta scrivendo nei libri di marketing e prende il titolo di: "Influencer marketing".

Per quanto riguarda questo libro, andremo ad analizzare due dei cinque blocchi previsti dal modello:"Comb Model": l'Influencer Marketing e l'Online Media Relation.

INFLUENCER MARKETING in Italia
Fonte: Augure Reputation in Action, 2015

Il modello a pettine appena presentato ha la capacità di aggiornare la funzione comunicazione d'impresa. Nei capitoli seguenti spiegheremo infatti tutte le tecniche necessarie a tale scopo ma prima, proprio per capire quanto oggi le imprese mettano in pratica questi concetti, è utile fare riferimento allo studio:"Reputation in action" pubblicato da Augure nel 2015 che presenta la situazione dell'*influencer marketing* in Italia e in Europa. L'indagine presenta i risultati derivanti da un *panel* di oltre 100 professionisti della comunicazione e del marketing, intervistati con lo scopo di identificare pratiche, criticità, tendenze comuni e di confrontare i punti di vista di agenzie e aziende. Ne emerge che in Italia il 60% degli intervistati afferma di aver cominciato a sviluppare dei rapporti con gli influenzatori da almeno due anni rispetto al 73% nel resto dell'Europa. Di questo 60%, il 40% ritiene che le proprie azioni con gli influenzatori siano efficaci. Scendendo nel dettaglio è possibile riscontrare che le principali criticità riscontrate dai professionisti della comunicazione e del marketing nell'attuare una strategia di *Influencer Marketing* sono:

66% Identificare gli influenzatori giusti per i propri brand e campagne (61% nel resto dell'Europa);

43% attirare l'attenzione e generare interesse attraverso le proprie interazioni con gli influenzatori (56% nel resto dell'Europa);

35% misurare e valutare con precisione il ROI delle loro campagne d'*Influencer Marketing* (44% nel resto dell'Europa).

Alla domanda su quali siano le principali caratteristiche che un *Influencer* deve avere per essere tale, il *panel* ha risposto:

77% PERSUASIONE: la capacità di creare un'opinione e esercitare influenza rispetto a una tematica precisa (79% nel resto dell'Europa);

73% ESPOSIZIONE: la numerosità degli abitanti del *cluster* in cui è inserito l'*influencer* e quindi la sua potenziale *audience* mediatica e *social* in base a una tematica precisa;

65% PARTECIPAZIONE: interesse del pubblico riguardo l'argomento da lui trattato.

62% *SHARE OF VOICE*: il suo livello di attività nell'affrontare specifiche tematiche, rispetto agli abitanti della rete sociale in cui vive;

23% AUTHORITY (anche detta Rilevanza): il grado di competenza che gli è riconosciuto dagli abitanti del cluster, riguardo a una specifica tematica.

L'indagine analizza anche i principali canali utilizzati per contattare gli influenzatori. Per quanto riguarda l'Italia, le combinazioni descritte sono state le seguenti: 62% LinkedIn , 50% Email, 50% Twitter , 40% Blog , 20% Facebook , 10% Google Plus.

Nel resto d'Europa il panorama risulta essere diverso: 66% Email, 57% Twitter, 52% Blog, 29% Facebook e una piccola restante parte, Google Plus.

Inoltre alcuni intervistati dimostrano di apprezzare il contatto *offline* con gli influenzatori, tra cui interviste *one-to-one* o partecipazione ad eventi.

In seconda battuta, l'indagine ci aiuta a capire quali siano i contesti nei quali conviene intraprendere una strategia che coinvolge gli influenzatori. 80% lancio di un nuovo prodotto (76% nel resto dell'Europa). Tra questi, il 31% collabora con influenzatori per le prove prodotto e per il 17% è utile l'invio di omaggi agli influenzatori.

50% promozione e diffusione di contenuti (57% nel resto dell'Europa): Il 41%(44% nel resto dell'Europa) degli intervistati collabora regolarmente con gli influenzatori per creare i propri contenuti (co-creazione, *guest post*, interviste, …) e per amplificarne la diffusione.

50% organizzazione di eventi/*webinair*;

20% gestione di crisi reputazione (44% nel resto dell'Europa);

14% comunicazione aziendale (22% nel resto dell'Europa). Il 35% (46% nel resto dell'Europa) degli intervistati infatti inviano comunicati stampa agli influenzatori e solo il 14% (22% nel resto dell'Europa) pensano che sia efficace includere gli influenzatori nella comunicazione aziendale.

Ma cosa convince gli influenzatori a intraprendere una collaborazione con un'impresa? L'indagine mette in luce le cinque proposte più apprezzate dagli influenzatori:

42% Contributo economico(16% nel resto dell'Europa);
40% Contenuti esclusivi(28% nel resto dell'Europa);
39% Test di prodotto(9% nel resto dell'Europa);
34% Co-creazioni di contenuti(31% nel resto dell'Europa);
32% Inviti ad eventi(12% nel resto dell'Europa).

A questo punto diviene importante determinare come misurare l'efficacia delle azioni di *influencer marketing*. Non è semplice quantificare il valore che una campagna di *influencer marketing* riesce a consegnare all'azienda. Anche qui, l'indagine ci svela quali sono gli indicatori monitorati in Italia dai professionisti intervistati:

80% Condivisione di contenuti;
60% Numero di citazioni sui social network blog e media;
30% Traffico verso il sito web;
20% Fan/Followers.

In Europa troviamo la seguente situazione:

65% Mentions su blog, Media e Social Network;
51% Condivisione dei contenuti;
42% Traffico sul sito web;
38% Numero di fan/Followers;
31% Numero dei leads (potenziali clienti);
10% Iscrizioni al sito;
5% Altro.

Nel complesso l'indagine svela come la situazione dell'*influencer marketing* in Italia rimanga ancora una conoscenza "poco strutturata" e ben al di sotto della media Europea. La fiducia posta in queste figure è ancora poca: solo il 40% degli intervistati ritiene efficace la loro azione, mentre la restante parte, ne risulta scettica per una serie di problematiche, come la difficoltà a identificare

queste figure e a misurarne l'effettivo ROI. Tutto questo genera una sfiducia e diffidenza diffusa. Va sottolineato però che, molto spesso, nelle piccole e media imprese già si fanno azioni di comunicazione con la collaborazione di influenzatori, ma senza rendersene conto: alle volte queste figure sono chiamate partner o sponsor o chissà in quanti altri modi. Proprio per aiutare le imprese a identificare queste figure e a procedere al loro coinvolgimento, sono nate agenzie che promuovono algoritmi per la ricerca di tali "ghiotte figure", ma a prezzi proibitivi. L'*influencer marketing* è sicuramente una tematica complessa perché richiede di analizzare i "*big data*" e nelle imprese manca ancora un "modus operandi" che permetta ai referenti della comunicazione e del marketing di agire con "cognizione di causa".

Alla luce di questa mancanza, torna utile il modello: "Comb Model". Un modello tanto semplice quanto immediato. Nei capitoli che seguono verranno approfondite tutte le tecniche da applicare per identificare e collaborare con chi potrà dare "il turbo" alla comunicazione d'impresa.

Oggi l'impresa è chiamata a fare di più in ambito comunicativo, di quello che è stata solita fare. È ancora possibile essere più performanti della concorrenza e aggiudicarsi fatturati aggiuntivi, rispetto a quelli che possono essere consegnati dalla comunicazione tradizionale. Necessario diventa quindi conoscere i modelli applicativi derivanti dal Comb Model, spiegati nei prossimi capitoli, che metteranno in luce tematiche come: l'analisi delle Reti Sociali, le tecniche di segmentazione, l'identificazione degli influenzatori e molto altro ancora. Tecniche potenti, da usare con molta cautela.

INFLUENCER MARKETING: INTRODUZIONE ALLE RETI SOCIALI
Fonte: elaborazione personale

Se si considera la società una struttura complessa, formata da relazioni sociali fra persone, è possibile studiarla tramite la modellizzazione di un sistema detto Rete Sociale o *network*, rappresentante appunto le persone e loro relazioni. L'analisi della società si sposta quindi sull'analisi delle Reti Sociali e sulla loro evoluzione nel tempo; permettendoci di rappresentare lo spaccato della società in analisi, di verificarne la sua evoluzione e di studiare in che modo la popolazione della Rete Sociale si situa all'interno del *network*: parleremo in questo caso di ruolo mantenuto da ogni abitante della Rete Sociale, tra cui anche il ruolo di influenzatore.

Vista l'importanza di collaborare con la figura dell'influenzatore e capito come la sua opinione sia "pericolosa" per l'impresa se il suo parere (calcolato con l'indice: *sentiment*) risulta negativo, diventa opportuno per l'impresa conoscere dove si sta parlando e chi sta parlando di lei, così da valutare se e come intervenire. Ragionando solo per il caso Web, si comprende come non è facile scovare, nell'intera rete globale, dove si sta parlando dell'azienda o di tematiche per lei importanti e dove sono presenti i soggetti influenzanti. È quindi più efficace ragionare "all'inverso": ponendosi come obiettivo, l'identificazione del/dei *cluster* dove abita il nostro influenzatore e per trovarlo, bisogna identificare in quale parte del web si parla dell'interesse condiviso, quello ritenuto importante per l'impresa.

Anche in rete si creano dei raggruppamenti sociali detti *cluster,* per ogni interesse condiviso. Possono comparire numerosi *cluster*. All'interno di questi *cluster*, se analizziamo solo il caso web, troviamo una "miriade" di siti, *social*, portali, *community*, forum, etc. collegati fra di loro da "*link*" che formano una fitta rete di siti tematici collegati, rappresentabili come Reti Sociali Online. A questo punto, bisogna procedere analizzando i/il *cluster* con un triplo fine: l'identificazione degli utenti che abitano la Rete, l'analisi delle relazioni e l'identificazione dei ruoli tenuti dagli abitanti. Uno di questi ruoli è proprio quello dell'influenzatore. Per questa analisi viene in aiuto la *Social Network Analysis* (*SNA*) ossia la scienza che studia, con dei modelli matematici, le Reti Sociali e i loro abitanti nei diversi ruoli.

Dobbiamo prima chiarire l'importante distinzione tra Social Media e Social Network.

Social Media: piattaforme online che permettono agli utenti di connettersi, condividendone dei contenuti.

Social Network: reti di utenti che si formano con l'uso dei Social Media.

Facebook è un social media. Gli utenti che si incontrano e connettono tramite Facebook formano un Social Network ossia una Rete Sociale.

SOCIAL NETWORK ANALYSIS
COME TROVARE E INFLUENZARE I TUOI CLIENTI

CAPITOLO 3

LE RETI SOCIALI

- SOCIAL NETWORK ANALYSIS E RETI SOCIALI

- GLI ELEMENTI DELLA RETE SOCIALE

- I RUOLI ALL'INTERNO DELLE RETI SOCIALI

- STATISTICHE DI BASE DELLA SNA

- I CINQUE RUOLI DELLA SNA

- STRUMENTI E SOFTWARE

LE RETI SOCIALI
SOCIAL NETWORK ANALYSIS e RETI SOCIALI
Fonte: elaborazione personale

SNA è l'acronimo di *Social Network Analysis:* la scienza che ci spiega come mappare e studiare le relazioni che si creano tra le persone, all'interno di una qualsiasi rete sociale. Può essere utilizzata per capire chi, tra gli abitanti di una rete sociale, ha un miglior posizionamento ossia chi ha uno specifico ruolo. Data una rete sociale, la SNA consente di disegnare e studiare le relazioni che si instaurano tra chi vi partecipa, oltre che di mappare i principali temi trattati. L'analisi quindi si concentra sulle relazioni che uniscono una popolazione di individui e non sugli individui che la compongono.

GLI ELEMENTI DELLA RETE SOCIALE
Fonte: elaborazione personale

Quello che accomuna le Reti Sociali è sempre la loro struttura fatta di nodi e di relazioni. Gli individui, ossia gli abitanti della Rete Sociale, sono i Nodi o Vertici della rete (*Vertes*), mentre le Relazioni fra i nodi sono chiamate Legami (*Edges*). L'insieme dei nodi e dei legami prende il nome di Rete Sociale (*network)* la cui rappresentazione grafica prende il nome di Grafo.

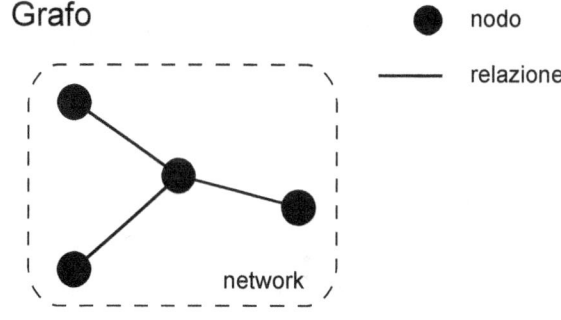

Grafo — nodo — relazione

network

I nodi: sono gli attori che compongono la Rete Sociale. Si studia come interagiscono all'interno di essa, creando relazioni e acquisendo uno specifico ruolo.

Le relazioni: sono i legami che nascono tra i nodi e possono essere di tipo **indiretto o diretto**. Il primo caso si riferisce ad un'analisi di rete fatta senza tenere conto del verso della relazione fra i nodi, e quindi senza porre l'attenzione sulla differenza fra *input* e *output*, ma solo sull'esistenza effettiva del rapporto. Se invece, ai fini dello studio, è rilevante

distinguere i legami tra quelli in ingresso e quelli in uscita, allora è opportuno raccogliere dati diretti.

Questa distinzione fra relazione diretta e indiretta permette di capire se un individuo è popolare o meno perché più relazioni ha un nodo in ingresso e maggiore sarà la sua popolarità all'interno di quella specifica Rete Sociale. Con l'utilizzo di grafici (grafi) indiretti, si vuole semplicemente comprendere se esiste o meno il legame relazionale tra i nodi della rete, andando a valutare se un individuo, ad esempio, partecipa o meno allo scambio di informazioni (vedi figura sottostante). Una tipica rete sociale a legami indiretti, è quella che disegna la relazione fra gli #hashtag. Le relazioni dirette, invece, permettono di visualizzare facilmente, il verso del legame, il quale può essere bidirezionale (reciproco), come mostrato in figura tra il nodo 3 e il nodo 4, o monodirezionale, come accade per il nodo1.

Grafo a Relazioni Indirette

Grafo a Relazioni Dirette

Le relazioni inoltre, possono avere solitamente tre principali attributi:

1. Peso o *Weight*: è la frequenza con cui due nodi comunicano fra loro;

2. Punteggio o *Rank*: definito in base all'interesse di chi svolge l'analisi;

3. Tipologia o *Type*: è la tipologia di legame esistente fra i nodi: amico, parente, collega, altro.

Facciamo ora pratica di "relazioni" andando a costruire una rete sociale riguardo ad un tema che sta attualmente popolando il *Social Media* Twitter.

Analizziamo un tweet che contiene la parola chiave "refugees".

#Idomeni #Grecia #Europa Tentando di attraversare il confine #Refugees

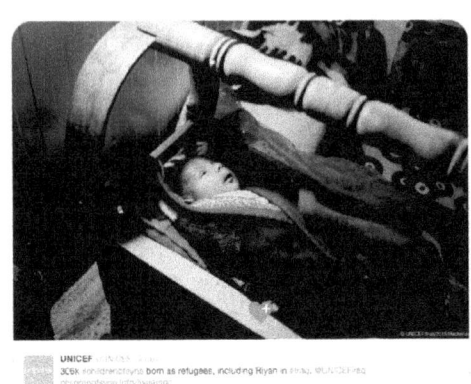

Il tweet scritto dall'utente @UNICEF con questo testo: "*306.000 (#childrenofsyria) bambini siriani nati come rifugiati, incluso Riyan in #iraq @ UNICEFiraq childrenofsyria.info/5yearson*" ha ottenuto 22 retweet. Ciascuno di questi retweet costituisce un *backlink* a favore di UNICEF, ossia una relazione diretta che parte dai nodi per arrivare a UNICEF. Al tempo stesso, la menzione @UNICEFiraq, presente nel tweet, costituisce per la *Social Network Analysis* un *backlink,* che parte da UNICEF e arriva a @UNICEFiraq. Il grafo a relazioni dirette, in questo caso, appare come da figura sottostante.

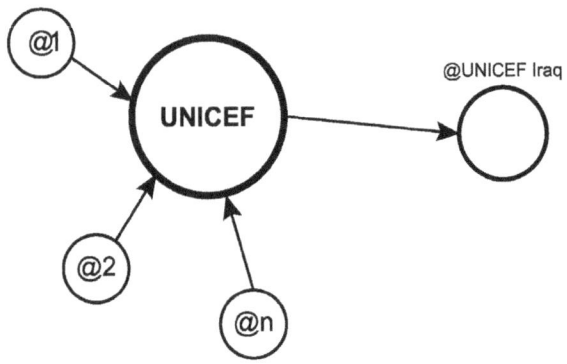

Per esemplificare invece come si viene a disegnare una Rete Sociale a relazioni indirette, facciamo riferimento ad un altro tweet e andiamo ad analizzarne gli hashtag presenti.

@autoretweet 14 mar: #Idomeni #Grecia #Europa Tentando di attraversare il confine #Refugees.

In questo caso si può mappare una Rete Sociale, dettata dalla relazione che i vari hashtag hanno tra di loro e che può essere così raffigurata:

#iDOMeni —— #GReCiɑ
#ReFUGees —— #EUROPɑ

I quattro hashtag *#Idomeni, #Grecia, #Europa, #Refugees,* formano un rete a relazioni indirette, dove tutti i nodi sono fra loro collegati. La restante parte dei nodi presenti in figura vuole mappare la Rete Sociale che considera tutti i tweet che citano l'hashtag *#refugees* nell'arco di tempo di sole poche ore.

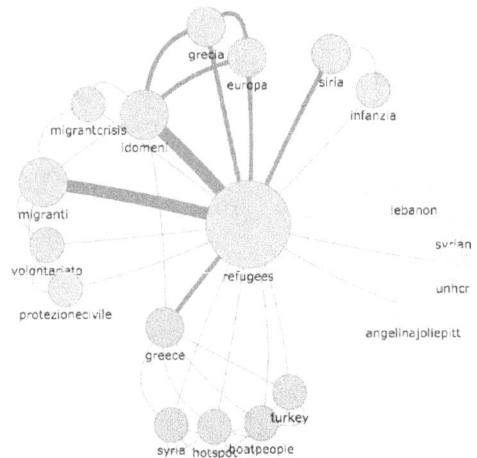

Dal grafo a relazioni indirette, si possono rilevare alcuni aspetti centrali dell'analisi, come per esempio, quali siano:

1. Le ricorrenze: gli hashtag citati all'interno dello stesso tweet di *#refugees.* Rappresentano i temi correlati all'hashtag analizzato;

2. La concomitanza: gli hashtag citati in prossimità di *#refugees* all'interno dello stesso tweet. Viene rappresentata dalla distanza tra i nodi nel grafo;

3. Il peso (*weight*): indica la frequenza con cui un hashtag è citato assieme a #refugees. Viene identificato dallo spessore della linea che collega i diversi #hashtag. Nell'esempio del grafo si può vedere come la relazione che intercorre fra *#refugees* e #migranti sia molto forte.

I RUOLI ALL'INTERNO DELLE RETI SOCIALI
Fonte: D. Chieffi, Online Media Relations, Il Sole 24 Ore, 2011

Online possiamo incontrare moltissimi utenti che trattano specifiche tematiche, delle quali scrivono, commentano, condividono o semplicemente leggono. Attorno agli argomenti che riscuotono maggiore interesse, si vengono a formare dei gruppi monotematici. Questi possono essere visti come dei luoghi virtuali di ritrovo di utenti interessati a specifici argomenti. Sono i molti gruppi monotematici creati sui diversi social media. Su Facebook, fra i più comuni, troviamo i gruppi che trattano tematiche inerenti specifiche città e prendono il nome:"Sei di [nome città] se...". Questi luoghi virtuali sono rappresentabili come una rete sociale di interesse, chiamata *cluster.* Questi utenti si auto organizzano poi attorno ad alcuni specifici nodi chiamati hub. Gli **hub** sono rappresentati da persone o soggetti collettivi che acquisiscono particolare visibilità all'interno della rete sociale di riferimento in virtù delle loro competenze e della loro capacità relazionale. Gli hub, sono tali solo se è il cluster a riconoscere in loro una spiccata capacità relazionale e una specifica competenza. Se poi un hub riesce a essere riconosciuto dal cluster sia come una fonte al contempo autorevole, credibile e capace di apportare valore all'argomento trattato, muta da hub a snodo. Gli **snodi** a loro volta possono evolvere in *Gatekeeper*, ovvero selezionatori di notizie. Ciò avviene nel momento in cui il *cluster,* col tempo, concede a uno snodo, collettivamente e spontaneamente, la delega a selezionare i fatti più meritevoli di essere diffusi. Ci si può rendere conto di aver a che fare con un *Gatekeeper* in quanto questi lo esprimono spesso come loro missione (es. testate giornalistiche). Può, quindi, essere un sito, un blog o anche un semplice profilo *social*, a produrre quella che potrà essere considerata una notizia, sia pure all'interno di una singola sotto

rete, di un singolo *cluster.* Saranno l'autorevolezza e la credibilità che quel soggetto emittente si è conquistato all'interno del gruppo di interesse a trasformare un fatto in una notizia, a inverarla e quindi a renderla atta a influenzare il lettore. Senza questo processo di inveramento, il fatto per quanto diffuso in Rete, non avrà la credibilità sufficiente a **influenzare** gli utenti. È quindi l'autorevolezza la bussola che permette agli internauti di navigare nel diluvio.

Facendo tesoro di quanto descritto sopra, dopo aver identificato la rete sociale venutasi a creare attorno ad uno specifico argomento, è possibile procedere con l'analisi della rete, così da individuare i quattro ruoli che gli utenti possono ricoprire: il ruolo di Nodo, ruolo di *Hub*, ruolo di Snodo e ruolo di *Gatekeeper*. A tal fine si propongono due modelli:

Primo Modello di analisi. Fonte: elaborazione personale

HUB: ruolo del nodo che detiene"Visibilità".

Visibilità = Σ[(Competenza) + (Cap.tà relazionale)]

La Competenza è calcolata come la sommatoria del numero di condivisioni, che ogni contenuto riesce a ottenere, all'interno della rete sociale in analisi. Nel caso si parli di contenuto web, la competenza è tradotta come la sommatoria di tutti i *backlink* (citazioni o condivisione dei contenuti) che l'utente riceve dall'intera rete sociale presa in esame.

Capacità Relazionale = numero di relazioni che ogni nodo riesce a creare e mantenere nel tempo. Prendendo sempre in esame il caso *"web"*, questa è calcolata sommando il numero di *relink,* rappresentati da relazioni biunivoche fra due nodi che si linkano a vicenda (es. due nodi si citano/ seguono a vicenda).

Comprese quali sono le componenti della visibilità, si può adesso procedere con il calcolo della formula:

Visibilità nodo1 = Σ [backlink(n)] + Σ [relink(n)]

SNODO: possono essere considerati come veri e propri **influenzatori**. Ai nodi che detengono questo ruolo vengono riconosciute da parte degli abitanti della rete sociale, visibilità e autorevolezza. Ecco la formula matematica proposta per il calcolo:

SNODO = visibilità + autorevolezza

$$\Sigma(1_{bk1}{}^{*}\sigma_1 +... +1_{bkn}{}^{*}\sigma_n) + \Sigma(1_{rl1} +...+ 1_{rln})$$

Abbiamo appreso come calcolare la visibilità mentre, per il calcolo dell'autorevolezza, dobbiamo procedere considerando nuovamente i *backlink* ma, calcolandone il loro peso "σ_n". Il peso è il valore di ogni *backlink*, rispetto al valore complessivo di tutti i *backlink* facenti parte della stessa rete sociale in esame. La formula dell'autorità è quindi:

Autorità = (Autorità del nodo a) / (Autorità complessiva dei nodi del *cluster*)

Lo schema chiarisce cosa si intende per (σ_n) peso dei *backlink*.

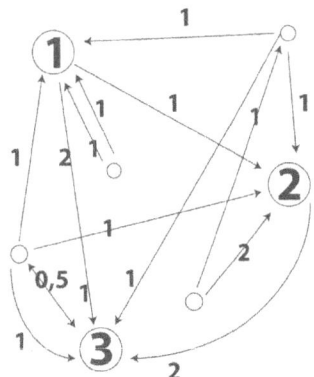

Il nodo1 ha 4 *backlink* del peso complessivo di 4.
Il nodo2 ha 4 *backlink* del peso complessivo di 5.
Il nodo3 ha 5 *backlink* del peso complessivo di 5,5.

Il peso complessivo è dato dalla sommatoria di tutti i pesi (σ_n) pari a: 4 + 5 + 5,5 = 14,5

Il calcolo dell'autorità è il seguente:

Autorità del nodo1= (4/14,5)*100=28%
Autorità del nodo2= (5/14,5)*100=35%
Autorità del nodo3= (5,5/14,5)*100=38%

Il nodo3 seppur con la stessa quantità di *backlink* del nodo2, ha un'autorità maggiore, garantita dalla sommatoria del peso dei suoi *backlink*.

In sintesi: un hub, ha tanti *backlink* e relazioni

ma non ha *backlink* da fonti autorevoli. Una fonte autorevole è il nodo che viene ritenuto dalla rete sociale un esperto nel trattare una specifica tematica. È proprio il peso, che quantifica questa competenza riconosciuta al nodo. Ecco che il peso aumenta se i *backlink* provengono da fonti ritenute autorevoli dalla rete sociale. Uno snodo, parte da essere un hub ma conta anche di citazioni (*backlink*) da fonti autorevoli.

Secondo Modello di analisi. Fonte: elaborazione personale

Con l'intento di scovare i nodi influenzatori, si elencano le componenti che deve avere un nodo per essere ritenuto influenzatore. Dando poi dei valori numerici a tutte queste componenti e sommandole, si trova la formula del tasso di influenza di un nodo. Più il valore del tasso è alto e maggiore sarà la capacità del nodo di influenzare i partecipanti della rete sociale di interesse.

Tasso di influenza è dato da:

Σ [(*share of voice*) + (esposizione) + (risonanza) + (autorità)]

Vediamo come calcolare le singole voci:

Share of voice: è rappresentata dalla seguente formula:

[(numero delle pubblicazioni dell'utente inerente uno specifico tema all'interno di un *cluster*)] / [(num. pubblicazioni totali del *cluster*)]

Esempio: s*hare of voice* nodoA = (100 postA)/(700 post complessivi nel *cluster* in uno specifico arco temporale) = 7%

Questo indica che i contenuti pubblicati dal nodo A, rappresentano il 7% dei contenuti complessivi dell'intero *cluster*.

Esposizione: è rappresentata dalla seguente formula:

[(num. *follower* dell'utente all'interno di un *cluster*)] / [(popolazione totale del *cluster*)]

Esempio: il nodoA ha 1000 utenti che lo seguono = 1000 *followers*. La rete a cui partecipa anche il nodo A è formata da 10.000 utenti attivi.

Esposizione nodoA = 1000/10.000 = 10%

Questo indica che i contenuti pubblicati dal nodo A vengono visti dal 10% dell'intera rete sociale di interesse.

Risonanza: all'interno di una rete sociale, la risonanza è rappresentata dal numero di reazioni provocate da una specifica pubblicazione di un nodo, rispetto al numero complessivo di reazioni provocate da tutte le pubblicazioni dell'intera rete sociale in esame, il tutto considerato in un arco temporale. Come reazioni possiamo comprendere: condivisioni, like, commenti, visualizzazioni, citazioni, altro.

Esempio: a inizio marzo il nodoA pubblica all'interno del gruppo Facebook:"Sei di Milano se…", le immagini compromettenti di un noto politico. Il post nelle due settimane che seguono ottiene: 200 commenti, 70 condivisioni, 300 link, 130 citazioni.

Nelle stesse due settimane il gruppo conta sommando tutte le pubblicazioni, 1200 reazioni fra condivisioni, like, commenti, visualizzazioni, citazioni, altro.

La risonanza del nodoA = 700/1200 = 58%. Possiamo dire che "se ne è parlato".

Autorità: rappresenta la misura di quanto un nodo è ben considerato all'interno di una specifica rete sociale, nel trattare una specifica tematica. È un indicatore che è già stato introdotto nel primo modello di analisi e può essere sintetizzato dalla formula:

[(Autorità dei *backlink* del nodoA)/ (Autorità totale dei *backlink* di tutti i nodi del *cluster*)]

Capiti gli elementi che deve avere un nodo se vuole diventare un influenzatore, possiamo andare a calcolare il Tasso di Influenza.

Esempio del calcolo del Tasso di Influenza in una Rete Sociale formata da due soli nodi: nodo A e nodo B.

Arco temporale: dal 10/2014 a 10/2015 Rete Sociale: Community Belluno Turismo in Google Plus

Share of voice = (num. Post scritti dall'utente)/ (num. Post della community)

Esposizione = (num. Follower dell'utente)/(Iscritti alla community)

Risonanza = (num. Reazioni dai post utente)/(num. Reazioni totali nella community)

Autorità = [(num. backlink utene) * (peso dei backlink)]/[(num. backlink complessivi della community) * (peso dei backlink)]

	NODO A	NODO B
SHARE OF VOICE	30/70 =43%	9/70 =13%
ESPOSIZIONE	300/1420 =21%	1200/1450 =85%
RISONANZA	44/1500 =2,9%	1800/2798 =64%
AUTORITA	80/400 =20%	300/400 =75%

Esempio

TASSO DI INFLUENZA DEL NODO A = 87%
TASSO DI INFLUENZA DEL NODO B = 275%

La capacità di influenzare del nodo B è stata maggiore della capacità di influenzare del nodo A, il tutto all'interno del medesimo *cluster* rispetto a uno specifico arco temporale. Se ripetiamo la stessa analisi, all'interno dello stesso cluster ma, considerando un arco temporale diverso, il risultato può cambiare.

STATISTICHE DI BASE DELLA SNA

Fonte: prof. Matteo Mura – dott.re Manuele Pierantoni, 2013

Abbiamo affrontato fino ad adesso la *Social Network Analysis* (SNA), nei suoi aspetti più generali, ma è arrivato il momento di approfondire la tematica. La SNA è una metodologia di analisi delle relazioni sociali che si basa, sul calcolo di alcuni indici matematici-statistici utili per quantificare valore e qualità dei legami esistenti tra i nodi, di qualsiasi Rete Sociale. Tra tutte le statistiche che la SNA propone, studiamo le sole misure di centralità. Vediamo di cosa si tratta.

Gli **Indici di Centralità** misurano concretamente e oggettivamente l'importanza di un individuo (nodo) all'interno di una Rete Sociale. Ognuno di questi indici porta a valorizzare una particolare caratteristica dei nodi, permettendo di definire il loro posizionamento in termini di ruoli relazionali, all'interno della propria rete sociale. Sono misure particolarmente importanti perché permettono di identificare nodi con ruoli di *opinion leader-influenzatori*. Gli indici di centralità possono essere suddivisi nei due macro gruppi di seguito descritti: misure di centralità per la rete e misure di centralità per i nodi.

Misure di centralità per la rete:

A loro volta suddivisi in quattro misure:

1. *Density*: la densità è una delle più importanti statistiche descrittive ed è utilizzata come indicatore del livello generale di coesione, della rete sociale in esame. Rappresenta la proporzione dei legami realmente instaurati tra i nodi della rete sociale su tutti i legami possibili. Assume valori compresi tra [0 e 1]: valori prossimi allo [0] indicano bassa densità e quindi bassi livelli di coesione mentre valori vicino ad [1] indicano alti livelli di densità, quindi alti livelli di coesione della rete. La densità è pari a [1] nel caso di reti complete, quelle cioè dove tutti i nodi sono collegati fra di loro, mentre con densità pari a [0] si mette in evidenzia una Rete Sociale con nodi poco aggregati, in cui i partecipanti hanno relazioni in prevalenza non reciproche. Spesso con bassi valori di densità, si identificano nodi isolati (che non presentano relazioni con gli altri nodi del grafo), oppure nodi pendenti (nodi connessi a un solo altro nodo dell'intera rete sociale).

2. *Average Degree*: numero di relazioni medie fra i nodi, presenti nella Rete Sociale.

3. *Average Distance:* distanza media fra i nodi di una Rete Sociale. Come distanza si intende il numero di "salti" che intercorrono da un nodo ad un altro.

4. *Diameter:* massima distanza che intercorre fra due nodi (numero di salti da un nodo ad un altro) all'interno di una Rete Sociale.

Misure di centralità per i nodi:

Le misure di centralità per i nodi, si compongono di tre indici:

1. *Degree*: centralità basata sul grado di popolarità, data da quanti collegamenti in uscita/entrata ha un nodo.

2. *Betweenness*: centralità di un nodo, basata sul suo essere intermediario tra altri nodi.

3. *Closeness*: centralità di un nodo, basata sulla sua vicinanza agli altri nodi.

Analizziamo questi tre indici più nel dettaglio:

L'indice **Degree** è pari al valore assoluto della sommatoria delle "scelte" ricevute da un nodo, viste come *link* in entrata e in uscita, da parte degli altri nodi abitanti la Rete Sociale. Si divide nei seguenti indici: In-degree e Out-degree.

L'**In-degree** di un nodo, corrisponde al numero dei suoi legami in entrata, configurabili come il numero dei suoi *backlink*. Si può affermare che più è alto il numero di scelte ricevute da ciascun nodo, quindi più *backlink* ha un nodo, maggiore è la sua popolarità (centralità) all'interno della rete sociale in esame. Questo indicatore viene ad esempio usato per misurare la popolarità di un blog, dove la Rete Sociale è formata dall'insieme dei siti web trattanti uno specifico argomento, i nodi sono i siti web, mentre i *link* fra un sito e l'altro rappresentano le relazioni. Il nodo con maggior numero di relazioni in entrata si può definire come il nodo più popolare quindi, per fare un esempio pratico, il sito web con maggior numero di *backlink* da parte di siti web trattanti il medesimo argomento è considerato il più popolare per quello specifico argomento in un arco temporale definito, e per quella specifica rete sociale.

L'*Indegree* varia tra [0 e n-1]: valori vicino allo [0] indicano una scarsa centralità del nodo all'interno della rete (il nodo è periferico). Valori prossimi a n-1 indicano invece un'elevata centralità dell'individuo, in quanto è un individuo molto linkato, indice di popolarità nella specifica Rete Sociale.

Out-degree, invece identifica i <u>nodi che cercano di influenzare</u> ossia i nodi che linkano tanti altri nodi della rete sociale cui partecipano, sperando di essere "visti, notati".

Betweenness è l'indice di centralità basato sulla frequenza con cui ogni singolo nodo, si trova nel percorso più breve, che collega ogni altra coppia di nodi. Indica quanto un nodo è "intermediario" tra i nodi all'interno di una Rete Sociale, identificando i nodi ponte: quelli capaci di mettere in collegamento altri nodi fra loro disconnessi. Se il valore dell'indice è alto, probabilmente siamo in presenza di uno "snodo": un soggetto abitante della rete, importante e di riferimento nelle comunicazioni, negli scambi e nel collegamento tra aree diverse della rete o addirittura capace di collegare due reti diverse. Betweeness identifica gli snodi ossia i <u>facilitatori di relazioni.</u>

Per ciascuna delle due misure di centralità: *Degree* e *Betweeness*, possiamo calcolare la corrispondente misura di centralizzazione della Rete Sociale in esame, detta *Global Centrality*: vediamola.

Global Centrality: indice che considera la Rete Sociale nel suo insieme e descrive quanto la coesione al suo interno sia organizzata attorno a determinati nodi. Insieme all'*Eigenvector Centrality,* che illustreremo più avanti, permette di individuare gruppi di *opinion leader* /influenzatori.

Global e Eigenvector Centrality: identificano gli <u>influenzatori.</u>

La *Closeness Centrality* è fondamentale negli studi delle Reti Sociali per capire la velocità con cui un nodo, all'interno della sua Rete di appartenenza, può scambiare informazioni con gli altri nodi. Il valore va da [0 a 1]. Se il valore di questo indice è basso, il nodo in esame impiega pochi passaggi per raggiungere qualunque altro nodo della Rete, riuscendo quindi a scambiare informazioni in modo rapido. Possiamo dire che questo indice sia una misura di viralità dei nodi nel diffondere informazioni all'interno della Rete Sociale.

Come si evince dal calcolo dei diversi indici di centralità, all'interno di una qualsiasi rete sociale non troviamo solo i tanto blasonati influenzatori, ma molte altre figure chiave che è importante riconoscere perché svolgono un ruolo specifico nel processo di comunicazione che si ha fra i nodi all'interno della Rete Sociale. Un processo che dobbiamo imparare a gestire e prevedere perfettamente se non vogliamo perdere tempo oppure rischiare di cadere nei casi di "*epic fails*": i noti fallimenti delle campagne di comunicazione di famose aziende. Visto che l'intento, che è anche l'obiettivo del libro, è permettere al lettore di imparare a gestire l'informazione, e non subirla, proponiamo un ulteriore approfondimento allo studio degli indici e successiva applicazione pratica tramite casi studio.

DEGREE CENTRALITY
indice di popolarità [0,1]

Il calcolo del grado di centralità si effettua contando il numero di relazioni di ogni singolo nodo che, come spiegato precedentemente, possono essere relazioni in entrata e/o in uscita. Attraverso questo indice è possibile individuare i nodi che ricoprono ruoli più privilegiati. Questo perché un nodo con più collegamenti ha la possibilità di essere meno dipendente da altri nodi: tali nodi, che presentano un numero maggiore di contatti, possono avere, per esempio, accesso a più informazioni o a più risorse di tutti gli altri. Viene quindi naturale pensare che una misura effettiva della centralità e del potere di un nodo, sia la somma dei suoi *link,* suddividendoli fra: *backlink* e *esternal link (link* in entrata e in uscita).

Se il calcolo dell'indice viene fatto studiando le sole relazioni dirette, la distinzione tra il numero di legami in uscita e il numero di legami in entrata, può portare a capire, in maniera più specifica, se un nodo è popolare o meno. Se, infatti, un individuo riceve molti legami in ingresso ottiene un alto livello di *indegree centrality* e questo spesso significa che è un nodo molto importante all'interno della specifica Rete Sociale, o che ha un alto prestigio: il fatto che molte persone cerchino di avere rapporti diretti con lui, prova la sua importanza, quindi è indicatore di popolarità. Attori che invece hanno un elevato numero di legami in uscita, ossia tanti *external link*, hanno un alto livello di *outdegree centrality* e scambiano rapporti con diversi soggetti tentando di far conoscere agli altri le loro opinioni; per questo sono chiamati nodi influenzanti cioè che cercano di influenzare (o di emergere).

La figura che segue vuole sintetizzare le misure di Degree Centrality.

Nota: spesso l'indice in-degree centrality è usato per identificare i nodi influenzatori, ma in realtà l'indice è solo una misura di popolarità.

BETWEENESS CENTRALITY
identifica gli snodi facilitatori di relazioni

Indica quanto spesso un nodo si pone sul percorso più breve che collega altri due nodi detto "distanza geodetica". Il calcolo è effettuato in rapporto al numero di percorsi geodetici che connettono due nodi. La *betweeness centrality* di un nodo [v] rispetto ad altri due nodi s e t, sarà quindi calcolata come:

$$\Sigma \, (Gst \, (v) \, / \, [\Sigma Gst])$$

dove Gst è il numero totale di percorsi brevi dal nodo s al nodo t e Gst (v), è il numero di percorsi brevi possibili tra gli stessi nodi, s e t, che passano per v.

Tramite questo indice si identificano i nodi con il ruolo di facilitatori di relazioni, perché riescono a mettere in contatto due aree della Rete Sociale non in relazione fra di loro.

CLOSENESESS CENTRALITY
identifica i nodi più veloci [0,1]

Si tratta della vicinanza di un nodo a tutti gli altri ed è definita come l'inverso della somma delle distanze di quel nodo rispetto tutti gli altri nodi: $(1/\Sigma[d_{ij}])$.

Se due nodi non sono in relazione fra di loro quindi, non sono fra loro connessi, il valore della distanza è infinito (1/0). Per questo motivo non è possibile applicare questa misura in *network* dove esistono nodi separati. Il punteggio normalizzato di ogni collegamento varia quindi tra 1 e 0, dove sarà [0] nel caso di un nodo isolato e [1] in caso di un nodo collegato direttamente a tutti gli altri nodi della rete sociale. Il caso di *closenesess centrality* = 1 è raro quindi, i ricercatori, per consentire la misura della centralità in tutti i grafi, hanno limitato la misura ai gruppi di nodi detti *cluster*, che sono formati da gruppi di nodi in relazione fra loro ma non in relazione fra i componenti degli altri gruppi. Nell'immagine di figura sotto è possibile notare che se ci fosse anche solo un collegamento tra i membri dei tre cluster (K fa un cluster a parte), il network sarebbe un unico *cluster*. In figura invece si possono distinguere tre differenti gruppi, non in relazione fra di loro, che permettono di calcolare ben tre misure di *Closeness Centrality* una per ognuno dei tre gruppi.

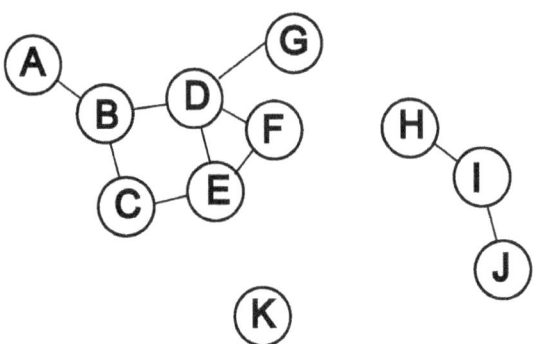

L'obiettivo di questa limitazione è quello di far fronte al problema della diversa numerosità dei gruppi. Utilizzando la formula precedente, infatti, i componenti dei gruppi meno numerosi avrebbero un grado di centralità molto maggiore rispetto agli individui di una rete più estesa. Il problema è stato risolto prendendo in considerazione un numero uguale di distanze per ogni nodo, indipendentemente dalla grandezza della rete, e attribuendo un valore nullo qualora il collegamento fosse assente. Queste distanze vengono sommate per ogni nodo, favorendo il punteggio di quei nodi che si ritrovano in uno schema più numeroso. Gli individui con più possibilità di entrare in contatto con più persone, anche indirettamente, sono più centrali rispetto a quelle che hanno meno possibilità, dato il limitato numero di nodi della rete, nonostante che questi, siano tutti collegati direttamente tra loro. *Closeness Centrality* pone la sua enfasi nelle distanze tra un nodo e tutti gli altri della rete sociale. Rispetto al precedente indice, quindi, non conta semplicemente il numero di legami che ogni nodo ha col resto della rete. Un nodo può anche avere un elevato numero di relazioni ma se poi i nodi con i quali è legato sono disconnessi da tutto il resto della rete, la sua importanza sarà limitata e circoscritta.

EIGENVECTOR CENTRALITY
identifica nodi influenzatori

Questo è un indice complementare alla *Closeness Centrality* e misura l'importanza e l'influenza di un nodo all'interno della rete sociale in cui esso si relaziona. La misura mette in risalto l'importanza di un nodo, basandosi sull'importanza delle sue relazioni. La "centralità auto vettore" di un nodo è tanto maggiore quanto più un nodo è in relazione con nodi che presentano tante relazioni, mentre è minore se un nodo ha relazioni con nodi che contano poche relazioni. Di conseguenza, se durante l'analisi di un *network* si presentano due nodi aventi lo stesso numero di relazioni, secondo questo indice risulterà più importante e influente il nodo con la somma dei punteggi (o dei pesi) delle connessioni maggiori rispetto a tutti gli altri nodi della rete sociale. Questo tipo di misura aiuta ad avere una visione del potere di un nodo su tutta la rete, completando in maniera più specifica gli altri metodi di misura. È proprio questo indicatore in grado di identificare chi sono i nodi con il ruolo di influenzatori della Rete Sociale analizzata. Abbiamo quindi trovato l'indicatore in grado di consegnarci la tanto attesa lista degli influenzatori.

I CINQUE RUOLI DELLA SOCIAL NETWORK ANALYSIS
Fonte: elaborazione personale

Per concludere, sono sotto sintetizzati gli indici proposti dalla *Social Network Analysis* capaci di attribuire un ruolo a ogni singolo nodo della rete. Cinque i principali ruoli utili al nostro studio:

1. Nodi Influenzatori: identificati tramite il calcolo dell'indicatore *Eigenvector Centrality*;

2. Nodi più Popolari: identificati tramite il calcolo dell'indicatore *In-Degree*;

3. Nodi che cercano di emergere e influenzare, identificati tramite il calcolo dell'indicatore: *Out-Degree*;

4. Nodi ponte, cioè capaci di mettere in contatto aree della rete sociale, isolate, facilitando così le relazioni, identificati tramite il calcolo dell'indicatore: *Betweeness Centrality*;

5. Nodi virali, capaci di far arrivare l'informazione a tutta la rete sociale di loro appartenenza, identificati tramite il calcolo dell'indicatore *Closeness Centrality*.

Cinque ruoli, ben distinti e non "per sempre" perché il tempo porterà a cambiare il ruolo dei nodi. L'intensità di partecipazione di un nodo, ad una rete sociale, cambia con il tempo variandone così gli indici di centralità. Chi oggi è più virale, domani è possibile non lo sia più. La stessa lista di influenzatori, si evolve nel tempo ed ecco che il *Social Network Analyst* ossia la figura che in azienda è chiamata ad analizzare le reti sociali, deve operare un continuo monitoraggio delle reti sociali, andando a calcolare periodicamente gli indici di centralità. Oggi il mercato mette a disposizione un ampio numero di *software* in grado di aiutare l'analista proprio in questa fase. Proponiamo di seguito una lista di *software*, utili strumenti da avere in dotazione per approcciarsi alla Social Network Analysis.

STRUMENTI SOFTWARE

Fonte: Daniele Frongia, SNA: un'introduzione ai metodi e agli strumenti,
Data Science, 2006

Proprio per aiutare chi deve monitorare le reti sociali e calcolare gli indici previsti dalla Social Network Analysis, oggi il mercato offre una vasta gamma di soluzioni e prodotti.

• Ucinet e NetDraw: per chi muove i primi passi;

• Pajec: in caso di grandi dataset. Consente la visualizzazione 3D delle Reti Sociali;

• SNA R: molto usato in ambito accademico;

• NodeXL: prodotti di Microsoft e permette di importare dati da altri programmi e Social Network;

• ORA: utile per l'analisi nel tempo di organizzazioni (es. reti terroristiche);

• SocNetV: tramite una *url* crea la rete ad essa connessa sulla base dei link presenti nel sito;

• Gephi: il più performante;

• Touchgraph Navigator Facebook Browser: permette l'analisi delle reti presenti nel social Facebook;

• Mention Map e Socioviz: analizza le reti presenti in Twitter;

• Social Mention: strumento per l'analisi dei tweet;

• Instagram Hashtag Explorer: analizza Instagram;

• Netvizz: strumento per l'analisi di Facebook.

La lista non è assolutamente esaustiva perché i *tool* dedicati all'analisi dei *Social Network* sono sempre in fase di aggiornamento e periodicamente, il mercato offre novità.

Proseguiamo adesso con un approfondimento su due dei più diffusi *software*, estremamente utili, nel mettere in pratica gli insegnamenti proposti fino ad ora. Entrambi i *software* sono *open source* e capaci di calcolare tutti e cinque i ruoli previsti dalla SNA consegnando inoltre una visualizzazione grafica della rete sociale. Ecco quindi due strumenti utili e semplici con i quali iniziare a fare i primi passi nel mondo della *Social Network Analysis*.

SOCIAL NETWORK ANALYSIS
COME TROVARE E INFLUENZARE I TUOI CLIENTI

CAPITOLO 4

COME MAPPARE LE RETI SOCIALI

- LO STRUMENTO NODEXL

- LO STRUMENTO GEPHI

- SNAP: SOCIAL NETWORK ACTIVITY PLAN

- INTERNET E SNA: CASO PRATICO

- SOCIAL MEDIA E SNA: STRUMENTI

- TWITTER SOCIAL NETWORK ANALYSIS

- FACEBOOK SOCIAL NETWORK ANALYSIS

- INSTAGRAM SOCIAL NETWORK ANALYSIS

- COME PREDISPORRE UN FILE PER I SOFTWARE SNA

- RETI DI INTERESSE: HASHTAG E ANALISI DELLE RICORRENZE

- SOCIAL NETWORK ANALYSIS E SNA: CASO PRATICO

COME MAPPARE LE RETI SOCIALI

LO STRUMENTO NODEXL
Fonte: prof. Matteo Mura – dott.re Manuele Pierantoni, 2013

NodeXL (*Network 2010 Overview, Discovery and Exploration for Excel 2007*), è un programma sviluppato come *template* di Excel 2007 e 2010 da Microsoft. Con NodeXL, i dati inseriti nel foglio di lavoro vengono velocemente rappresentati in forma di rete sociale, garantendo tutte le principali statistiche della SNA. La chiave di volta di tutto il *software* è proprio la sua potenza nella rappresentazione grafica della rete che si sta esaminando, facile da ottenere anche senza richiedere competenze di programmazione, ma lavorando direttamente con i *set* dei *network data* proposti. Inoltre, il fatto che NodeXL operi direttamente nell'ambiente di Excel permette di utilizzare tutte le funzionalità messe a disposizione dal noto *software* di calcolo: importare i dati, creare formule, utilizzare filtri ed esportare i dati in diversi formati. Le caratteristiche di visualizzazione garantite da NodeXL permettono la rappresentazione di una vasta gamma di reti, ma lasciano all'utente la possibilità di modificare, secondo le sue esigenze, proprietà visuali come forme, colori, dimensioni e trasparenze.

Andiamo adesso a capire come si utilizza NodeXL.

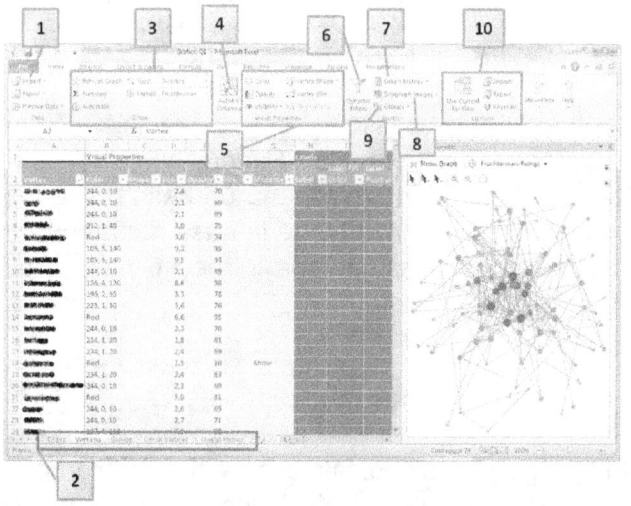

Il pannello di lavoro di NodeXL è così formato:

1. Pulsante per l'importazione dei dati;

2. Schede per navigare tra le pagine contenenti le tabelle di dati;

3. Sezione grafica: raccoglie i comandi per gestire l'*output* del grafico;

4. Pulsante *Autofill Columns*: riempire automaticamente le proprietà visive in base agli indici calcolati;

5. Sezione per la gestione delle proprietà visive di ogni singolo elemento;

6. Filtri dinamici;

7. Calcolo automatico degli indici SNA;

8. Grafico delle relazioni riferite al singolo nodo;

9. Gestione dei gruppi della rete sociale;

10. Opzioni di NodeXL per importare, esportare, riutilizzare e resettare le impostazioni dei dati.

Nei paragrafi che seguono, andremo a conoscere, operativamente, quali aree del menù strumenti movimentare per analizzare in modo corretto una qualsiasi rete sociale. Si inizia importando i database per poi studiare la struttura della rete sociale analizzando i nodi e le loro relazioni. Scopriremo la funzione che permetterà di identificare la presenza di Gruppi tematici e proprio su questi, procederemo con il calcolo dei principali indicatori previsti dalla SNA. Seguirà poi la possibilità di disegnare il grafo della rete sociale, grazie all'applicazione di un *set* di *layout*. In ultimo, lo strumento permette di personalizzare il grafo: possiamo infatti evidenziare quei nodi che, in base agli indicatori SNA, svolgono un ruolo più rilevante per noi. A colpo d'occhio saremo in grado di verificare chi detiene uno dei cinque ruoli chiave previsti dalla *Social Network Analysis*.

IMPORTARE I DATI

La prima operazione da svolgere è l'importazione dei dati: basta cliccare sul pulsante *import* della sezione *Data* [1]. Così facendo, a seconda della necessità di utilizzo, il pannello permette di importare i dati relativi a reti sociali, provenienti da altri programmi di analisi, come ad esempio UCINET, GraphML, o Pajek. Sono importabili anche dati da siti di *social networking* come Twitter, YouTube o Flickr.

LE RELAZIONI TRA I NODI

Nella parte inferiore del foglio di calcolo, sono presenti i pulsanti per spostarsi tra i diversi fogli. Il primo foglio, *"Edges"*, contiene l'elenco delle relazioni fra i diversi nodi della rete sociale in analisi. Le prime due colonne del foglio *"Edges"*, denominate: Vertex1 e Vertex2, rappresentano la relazione esistente tra due nodi, una relazione che parte da Vertex1 e arriva a Vertex2. Le altre colonne del foglio sono raggruppate nei seguenti menu superiori:

1. Visual Properties: permette di scegliere in che modo rappresentare graficamente le relazioni fra i diversi nodi: è possibile assegnare alle linee rappresentanti le relazioni, diversi colori, spessori o stili, e anche renderle più o meno visibili;

2. Labels: sono le etichette che possono essere assegnate ad ogni relazione. Permettono di definire: nome (*label*), colore del testo (*label text color*), grandezza del carattere del testo (*label font size*). Una volta creato il grafo, le etichette permettono di riconoscere a colpo d'occhio le loro particolarità delle relazioni;

3. Graph metrics: sono le metriche della rete sociale in esame. Rendono evidenti visivamente informazioni sulla reciprocità della relazione: quando siamo in presenza di due nodi che si linkano a vicenda, la relazione che li unisce si ripropone una seconda volta. È un dato importante perché se tra due individui esiste uno scambio di informazioni reciproco, quella particolare connessione (relazione) sarà centrale rispetto a una connessione monodirezionale. In una relazione bidirezionale entrambi gli attori partecipano attivamente alla condivisione di conoscenza all'interno della rete sociale in esame. Per visualizzare il solo schema di relazioni reciproche, bisogna movimentare il filtro della colonna *Graph Metrics – Reciprocated*: la colonna viene gestita come qualsiasi altro attributo nella tabella delle *"edges"*, permettendo così di filtrare le relazioni e di vedere solo quelle reciproche.

4. Other Columns: si tratta di tutto un altro insieme di colonne che si attivano in base alla tipologia di database caricato.

Andiamo adesso a analizzare la pagina che il software NodeXL dedica ai nodi nominati vertici o *vertices*.

I VERTICI (vertices)

All'interno del foglio:"*Vertices*", la prima colonna elenca tutti i nodi presenti nella rete sociale in esame, uno sotto l'altro. Le altre colonne del foglio riportano le "*Visual properties*", ossia le informazioni degli attributi per la visualizzazione grafica, e le "*Labels*", le etichette. È possibile inserire un *tooltip* (finestra di popup) che appare non appena si punta il mouse sul nodo, e fornisce all'utente le informazioni relative al vertice che si osserva, all'interno del grafo. Il foglio Vertices si caratterizza anche per le seguenti informazioni:

- Layout: vengono registrate le informazioni relative alla disposizione dei nodi all'interno del grafo. Sono riportate le coordinate "x e y", il raggio e l'angolo polare (solo se il grafo prevede tali informazioni). La colonna "*Locked*", in particolare se compilata con un valore booleano, blocca il nodo in posizione statica.

- Graph Metrics: questa sezione riporta i risultati generati dal calcolo degli indici di centralità. *Degree centrality*, che riunisce i valori degli indici: *degree*, *in-degree* (backlink) e *out-degree* (external link). *Betweenness Centrality*, *Closeness Centrality* e *Eigenvector Centrality*.

Altri valori che possono essere calcolati sono il *Clustering Coefficienty* e il *PageRank* (algoritmo, usato da Google, che assegna un peso numerico a un elemento di un insieme in base al numero di collegamenti ipertestuali che lo stesso ha con gli altri elementi dell'insieme).

I GRUPPI

Un'altra pagina, è dedicata alla gestione dei gruppi: la pagina *Groups*. NodeXL è uno strumento molto efficace per la loro analisi. L'individuazione di sotto gruppi di relazioni, all'interno della rete sociale in analisi, può aiutare a capire come le informazioni si distribuiscono all'interno del contesto considerato. Con il raggruppamento dei nodi in gruppi distinti è possibile individuare eventuali barriere che ostacolano il flusso di informazioni e difficoltà comunicative all'interno dell'intera rete. Attraverso la clusterizzazione dei nodi, ossia il loro raggruppamento in gruppi, con comunanza la stessa tematica trattata, si possono distinguere gruppi relazionali che si formano all'interno della stessa rete sociale, dei quali precedentemente non si conosceva l'esistenza. NodeXL consente l'individuazione automatica di gruppi presenti nel *network* basandosi sui legami relazionali e sociali che si formano naturalmente. Nella figura che segue si possono vedere i quattro metodi di clusterizzazione consentiti da NodeXL, agendo sul pulsante *Groups*, presente nel menu degli strumenti (pulsante9).

NodeXL prevede diversi metodi di raggruppamento, vediamoli:

Group by Vertex Attribute: raggruppamento basato su un particolare attributo dei nodi. NodeXL permette di scegliere quale attributo usare, solitamente si usa come metodo di raggruppamento, una delle statistiche SNA, raggruppando quindi fra di loro nodi con lo stesso ruolo.

Group by Connected Component: raggruppamento in base alle connessioni tra i nodi: se due gruppi di relazioni, non hanno legami tra di loro, saranno separati formando gruppi a sé stanti.

Group by Cluster: raggruppamento tramite *cluster*. In questo caso si ha un'ulteriore divisone data dal tipo di algoritmo che si decide di utilizzare nel calcolo dei diversi cluster. Gli algoritmi a disposizione sono:

- Clauset Newman Moore: basato sulla modularità dei vertici. Raggruppa i vertici che sono più collegati tra loro, e quindi con alta densità di relazioni.

- Wakita Tsurumi: algoritmo simile al precedente ma migliorato in termini di velocità di calcolo. Questo algoritmo è più idoneo per reti con oltre i 500.000 nodi, arrivando a processare i legami 7 volte più velocemente dell'algoritmo CNM.

- Girvan Newman: ulteriore tipo di *cluster* gerarchico che raggruppa la popolazione, all'interno di una rete in comunità, in gruppi che presentano una densità di legami maggiore rispetto agli altri. Tuttavia questo calcolo è più lento degli altri e per questo è più adatto a grafi con numero di nodi limitato.

Group by Motif: raggruppamento per immagini simbolo. Questo tipo di raggruppamento è utilizzato esclusivamente per semplificare la lettura del grafico, collassando configurazioni particolari di nodi (ad esempio, gruppi o configurazioni a ventaglio) in figure simbolo, che permettono di schiarire l'immagine d'insieme del grafo e mettere subito in evidenza le configurazioni che simboleggiano.

FUNZIONE AUTOFILL-COLUMNS

La funzione *Autofill Columns* è una delle funzioni di NodeXL che lo caratterizza maggiormente. Questa opzione (presente nel menu degli strumenti) permette di calcolare automaticamente le *Graph Metrics* presenti nei diversi fogli.

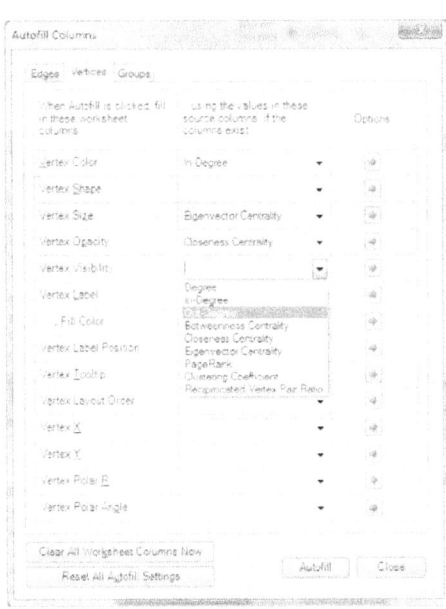

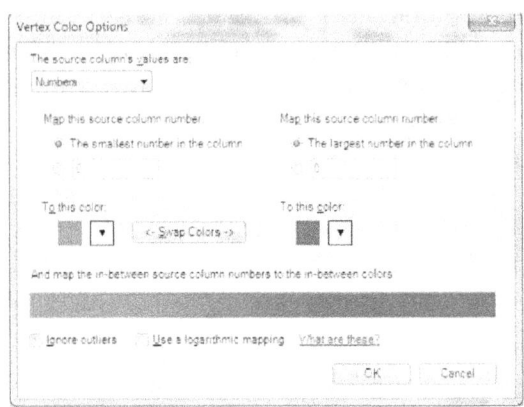

Attraverso questo menu è possibile definire le grandezze che permettono di visualizzare graficamente il ruolo, che ogni nodo ha, all'interno della rete sociale. Possiamo quindi lavorare sulle relazioni, sui nodi e anche sui Gruppi. Nella figura sovrastante è mostrata la finestra di tale funzione.

Per ogni indice di misura è prevista la definizione di un *range* di attributi (scelti dall'utente, ma entro i limiti standard fissati dal programma) che determinerà la scala di valori su cui si baserà il *ranking* di ogni nodo. Come si vede dalla figura, è possibile gestire ogni attributo in base alle misure degli indici della rete: la grandezza di un nodo, il suo colore, la sua visibilità, la posizione dell'etichetta e la posizione del nodo stesso all'interno del grafico, possono essere stabiliti proprio collegandoli agli indici della SNA. È quindi possibile gestire l'*output* grafico di ogni attributo, cliccando sulla freccia a destra di ogni campo presente in finestra - menu. Si aprirà la pagina di opzioni, che può variare a seconda delle caratteristiche da definire. Se per esempio la scala di valori che si vuole analizzare è quella relativa al grado di centralità, possiamo impostare i due estremi con due colori diversi (*Vertex Color Option*). Le opzioni saranno gestite dalla finestra in figura sottostante.

Attraverso questo strumento andremo a visualizzare i nodi nel grafico, colorati secondo la regola appena stabilita: i nodi con il minor numero di relazioni in ingresso saranno colorati di rosso, quelli col maggior numero saranno colorati di blu. Il *software* assegnerà ai valori intermedi una gradazione più o meno intesa a seconda del valore. Questo aiuterà l'utente a interpretare il grafico in maniera più veloce e intuitiva, a trovare il nodo più rilevante e a focalizzare l'analisi su di lui.

I FILTRI

È possibile che i *database* studiati attraverso l'utilizzo di NodeXL, tendano ad essere complessi per numerosità di nodi e relazioni, arrivando a contenere migliaia di nodi e centinaia di migliaia di relazioni. In questi casi, si devono utilizzare tecniche di filtraggio che portino l'analista a concentrarsi esclusivamente sui nodi più significativi, ossia quei nodi che ricoprono uno dei cinque ruoli previsti dalla *Social Network Analysis*. Per fare ciò, si può ricorrere ai classici filtri di Excel oppure utilizzare il pulsante "*Dynamic Filters*", presente nel menu degli strumenti all'interno della sezione *Analysis*. Attraverso questi filtri è possibile filtrare elementi in base a valori e categorie:

- Soggetti al di sotto di una determinata età;

- Soggetti appartenenti ad un determinato gruppo;

- Soggetti che non hanno raggiunto un punteggio minimo nella *In-Degree Centrality*.

Attraverso i filtri dinamici (*Dynamic filters*) è possibile scremare nodi e relazioni dal grafo ogni volta che si aggiornano i dati. I filtri sono riferiti alle sole proprietà che possono avere un impatto sulla visualizzazione del grafico: è possibile quindi filtrare valori di posizione (coordinate del vertice) oppure direttamente le metriche calcolate. Di fatto, se la numerosità del database non consente di raggiungere un grafo intuitivo nei risultati richiesti, è necessario diminuire i dati visualizzabili. Per fare ciò si andranno a filtrare quei nodi che non presentano, ad esempio, un elevato valore di *Eigenvector Centrality*. In questo modo ci si concentrerà su nodi più centrali, e il grafico sarà visivamente più interpretabile.

Cliccando sul pulsante, nel pannello degli strumenti: *Dynamic Filters,* si apre la finestra in figura sotto, tramite la quale è possibile impostare il filtro più significativo per l'analista.

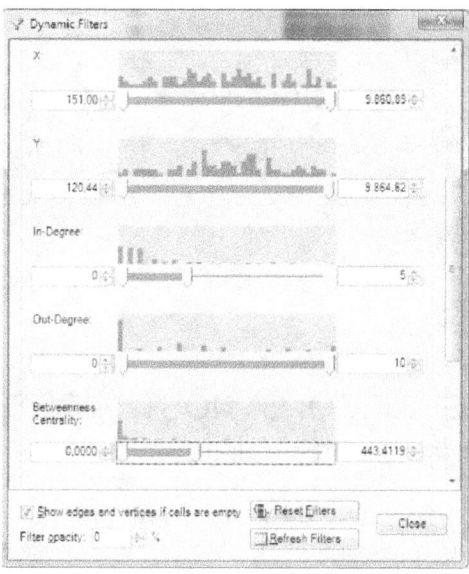

CALCOLO DELLE METRICHE DEL GRAFICO

All'interno del menù degli strumenti troviamo il pulsante *Graph Metrics,* che permette di ottenere i risultati numerici riferiti alle relazioni tra i vari nodi infatti, consente di calcolare rapidamente e automaticamente tutti i valori desiderati previsti dalla SNA. Cliccando sul pulsante apparirà la schermata di scelta dei valori che si vogliono calcolare. Per sfruttare al meglio le funzionalità di NodeXL, e la possibilità di calcolare i vari parametri, è possibile mappare alcune caratteristiche visive del grafico sulla base di questi parametri. Le metriche individuali, calcolate con questa funzione, sono utili per monitorare la posizione occupata dai vari nodi

nella rete sociale (*network)*, individuando i nodi centrali. Una volta lanciato il calcolo degli indici, i risultati saranno visualizzabili nel foglio *Overall Metrics,* nel quale una tabella, riporterà i valori sui quali è stato effettuato il calcolo e i risultati di questo. Per ogni indice, poi, sono presenti un grafico di frequenza e i valori di minimo e di massimo.

Ecco i dettagli forniti dalla tabella:

- Tipo di grafo: viene indicato se il grafo considera le relazioni dirette o indirette;

- Vertici: numero totale di nodi del grafo;

- Collegamenti unici: numero di relazioni uniche presenti nel grafo;

- Collegamenti che presentano duplicati: numero di coppie di nodi, ripetute assieme nella lista delle relazioni, presente nel foglio *Edges.*

- Numero totale di collegamenti: totale complessivo delle relazioni, nella rete analizzata;

- *Self loops*: numero di nodi che si ricollegano con sé stessi. Queste tipologie di relazioni sono presenti solo se sono ammesse le relazioni con se stessi all'interno di uno studio es. nodi che si auto linkano;

- Percentuale delle relazioni reciproche: rapporto tra le relazioni reciproche e quelle totali, sia a livello di diodi, sia a livello di relazioni;

- Componenti connesse: rappresenta il numero totale di gruppi o componenti che sono connessi al loro interno, ma non sono connessi con la restante parte del grafico. Se tutti gli elementi della rete sono connessi, il valore di questa voce è pari a 1;

- Vertici singoli: rappresenta il numero totale di nodi isolati, non connessi ad alcun altro nodo del grafo;

- Numero massimo di nodi di un gruppo: numero di nodi del gruppo con la più alta presenza di nodi;

- Numero massimo di relazioni di un gruppo: numero di relazioni del gruppo che presenta il più alto numero di relazioni;

- Massima distanza geodetica: la distanza maggiore, presente nella rete sociale, tra tutte le coppie di nodi del grafo, rappresenta quindi la distanza tra i nodi più lontani. Un esempio: se l'indice è pari a 25 significa che al massimo, un nodo, per raggiungere un altro nodo, deve fare 25 "salti";

- Distanza geodetica media: è la media di tutte le distanze geodetiche della rete sociale. Con questo valore è possibile valutare quanto sia compatta la rete presa in analisi. Se la distanza media è alta, significa che all'interno della rete sociale in esame ci sono molti individui che non hanno contatti. Se invece la distanza è bassa, i componenti della rete interagiscono direttamente;

- Densità del grafico: i valori di questo indice variano tra 0 e 1. Per un grafico non direzionato, si ottiene dividendo il numero di legami totali per il numero di legami possibili. Per esempio: se la densità è pari a 21%, questo significa che il 21% dei nodi sono collegati fra di loro(grafo a relazioni indirette);

- Modularità: numero delle *community* presenti all'interno della rete sociale presa in esame.

Nella stessa pagina in cui sono presenti i valori appena descritti, il *software* espone i grafici e i valori relativi a ogni indice misurato, in modo da darne le misure massime e medie. Questo è molto utile per capire le scale di valori a cui fanno riferimento i risultati. Nelle figure che seguono sono riproposti due esempi.

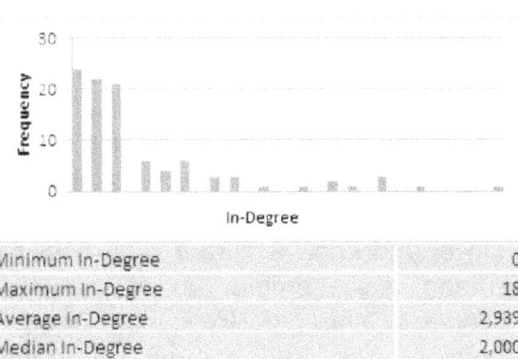

Minimum In-Degree	0
Maximum In-Degree	18
Average In-Degree	2,939
Median In-Degree	2,000

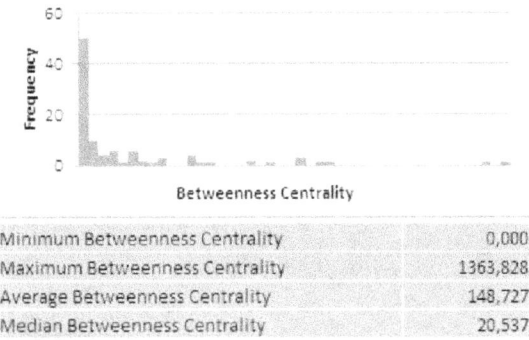

Minimum Betweenness Centrality	0,000
Maximum Betweenness Centrality	1363,828
Average Betweenness Centrality	148,727
Median Betweenness Centrality	20,537

IL GRAFICO: LA NOSTRA RETE SOCIALE

Una volta definiti tutti i valori, in riferimento ai nodi e alle loro relazioni, calcolati i valori degli indici e impostate le proprietà grafiche, è possibile creare e visualizzare il tanto atteso grafo delle relazioni. In Excel sia nella sezione dedicata al grafico, posta a destra della schermata del *software*, sia nella barra degli strumenti, è possibile lanciare l'elaborazione dei dati inseriti grazie al pulsante *Show Graph*, che si trasformerà in *Refresh Graph* se il grafo è già stato creato una prima volta. Il grafo ottenuto è frutto delle relazioni e dei settaggi ottenuti precedentemente. La visualizzazione del grafo avviene secondo la scelta dell'algoritmo di visualizzazione, detto *layout*. Le possibilità di *layout* grafico sono differenti, vediamole. La finestra che contiene l'elenco degli algoritmi utilizzabili mostra tre sezioni differenti che rappresentano le tre tipologie di algoritmi:

Algoritmi di tipo Force Directed:

Fruchterman Reingold: questo è il *layout* di *default* proposto da NodeXL, realizza un *layout* basato sulle forze. Viene considerata la forza tra due nodi qualsiasi del grafo, andando a rendere l'energia totale del sistema la più distribuita possibile. Nel *Fruchterman Reingold*, la somma dei vettori delle forze determina in quale direzione si dovrebbe muovere il nodo. Quando l'energia del sistema raggiunge il livello minimo possibile per quel grafico, allora il nodo smette di spostarsi e raggiunge il suo stato di equilibrio.

Harel Koren Fast Multiscale: le peculiarità di questo metodo sono due. In primo luogo, l'elevata velocità con cui viene creato il grafo, anche di larghissima scala, garantendo una rappresentazione alquanto chiara ed ordinata. Il secondo fattore di distinzione, è l'attenzione posta sull'aspetto estetico del *layout*. Nei *layout* di *database* con un elevato numero di elementi, l'algoritmo accorpa quei nodi che sono tanto vicini e simili da non influenzare la dinamica e l'estetica del grafico.

Algoritmi di tipo Geometrico:

Circolare: questo tipo di algoritmo dispone i nodi sulla circonferenza di un cerchio, le linee che rappresentano le relazioni sono all'interno di questo cerchio formando delle corde di circonferenza.

Spirale: la dislocazione dei nodi è su una spirale

e le linee congiungono i vari punti all'interno di questa.

A onda: i nodi sono disposti sulle linee che rappresentano gli andamenti a onda sinusoidale e a onda cosinusoidale, rappresentanti rispettivamente la funzione sin(x) e la stessa sfasata di pigreco mezzi (90°).

A griglia: i nodi occupano i punti di incrocio di una griglia.

Polare: per visualizzare questo posizionamento è necessario calcolare, per ogni nodo, le coordinate polari (raggio e angolo). Per visualizzare il grafico dell'algoritmo polare assoluto, i riferimenti devono essere in valore assoluto.

Algoritmo a livelli:

Sugiyama: i nodi sono posti in orizzontale e le relazioni, si espandono dal livello superiore a quello inferiore.

Random: i nodi sono assegnati a punti generati casualmente dal programma nello spazio disponibile. La disposizione cerca comunque di inseguire una forma di ottimizzazione, minimizzando gli incroci tra le relazioni.

È possibile anche decidere di non utilizzare nessuno tra gli algoritmi elencati, scegliendo la voce *None* in questo caso tutti i vertici saranno posizionati in un unico punto e sarà possibile dislocare i vertici manualmente all'interno del grafico. Nel caso si fosse precedentemente scelto un diverso tipo di *layout*, i vertici manterranno l'ultima forma assunta. NodeXL offre sempre la possibilità di posizionare (o riposizionare) i vertici manualmente, semplicemente trascinando con il cursore i nodi sullo schermo fino alla posizione desiderata. Per fissare la posizione dei vertici così trovata, è sufficiente compilare la colonna *Locked* presente nel foglio dei vertici (lo stesso procedimento vale anche nel caso si vogliano bloccare i vertici in seguito ad un posizionamento ottenuto automaticamente tramite algoritmo). Una volta scelta la modalità di visualizzazione più adatta agli obiettivi di analisi, e dopo aver effettivamente mostrato il grafo, NodeXL prevede la possibilità di evidenziare uno specifico nodo (o legame) semplicemente cliccando sullo stesso grafico o nella lista dei vertici. L'elemento scelto, e i suoi collegamenti saranno evidenziati tramite un colore diverso da quello degli altri. Inoltre se si è scelto precedentemente di visualizzare i *tooltip*, ogni volta che si soffermerà il puntatore del mouse su ogni vertice, sarà possibile visualizzare singolarmente ogni singolo valore, sia esso il nome del vertice o il valore di un indice scelto. Per impostare il tooltip: *Autofillcolumns, Vertex tooltip.*

La fase di costruzione del grafo è centrale perché, se la visualizzazione grafica sarà fatta seguendo lo schema procedurale che abbiamo presentato, sarà in grado di consegnare all'analista un disegno contenente tutti i nodi di interesse, ossia solo quei nodi che hanno un ruolo importante per la *Social Network Analysis.* Tramite l'utilizzo di colore, dimensione, e altre possibilità offerte dal *software*, l'analista potrà personalizzare il grafo e, identificare i nodi più importanti a colpo d'occhio.

si potranno riutilizzare le stesse proprietà grafiche che mettono in risalto tali caratteristiche.

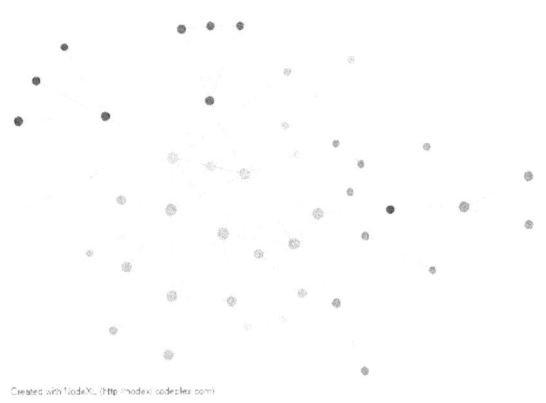

Created with NodeXL (http://nodexl.codeplex.com)

OPZIONI

Un ulteriore riquadro presente nella menu degli strumenti principali del *template* NodeXL è quello delle opzioni: *Options.* Questa sezione, è molto utile e performante qualora si decida di riutilizzare le stesse proprietà per i successivi lavori. Se, infatti, si stabilisce che gli obiettivi di un'analisi sono gli stessi per diversi grafi, si possono impostare gli stessi parametri per tutti i lavori futuri. Cliccando sul pulsante *Use Current for New,* diremo a NodeXL di mantenere le stesse impostazioni per tutti i nuovi fogli di calcolo. È quindi possibile stabilire diversi parametri di analisi, in base ai risultati che si vogliono analizzare. Attraverso gli altri due pulsanti presenti nel riquadro, *Import* ed *Export*, sarà possibile utilizzare le impostazioni e le proprietà salvate precedentemente. Se, ad esempio, si vuole salvare un'analisi basata solo su determinati indici,

LO STRUMENTO GEPHI
Fonte: Bastian M., Heymann S., Jacomy M. (2009) + gephi.org/

Gephi è un *software* "*open source*" disponibile per Linux, Mac e Windows, che permette la visualizzazione grafica e l'analisi delle reti sociali. Si avvale di un motore 3D di *rendering* per visualizzare grandi reti in tempo reale e di un'architettura flessibile e *multi-tasking,* che permette di lavorare con *database* di dati complessi e di produrre risultati visivi interessanti, anche grazie a numerosi algoritmi di manipolazione. Uno strumento evoluto, flessibile e intuitivo. Sono disponibili molti *tutorial* su *Gephi,* anche uno ufficiale presente nel portare gephi.org/.

Vediamo come possiamo utilizzare il *software* ai fini dell'analisi SNA: qui proponiamo un metodo che, passo dopo passo, aiuterà il lettore a utilizzare solo quelle aree del *software* utili a capire chi, fra i nodi della rete sociale in esame, occupa un ruolo chiave.

Innanzitutto è necessario importare un database in uno dei seguenti formati: GEXF, GDF, GML, GraphML, Pajek NET, GraphViz DOT, CSV, UCINET DL, Tulip TPL, Netdraw VNA, Spreadsheet (https://gephi.org/users/supported-graph-formats/).

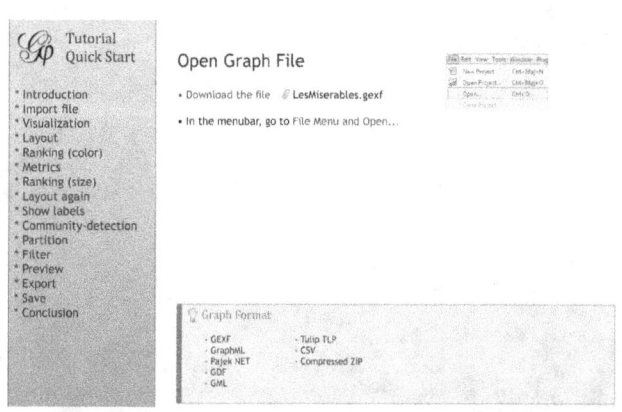

Un pannello guiderà l'utente nella scelta della tipologia di grafo da creare optando tra grafo a relazioni dirette o indirette, e informerà su quanti nodi/relazioni sono presenti nel database.

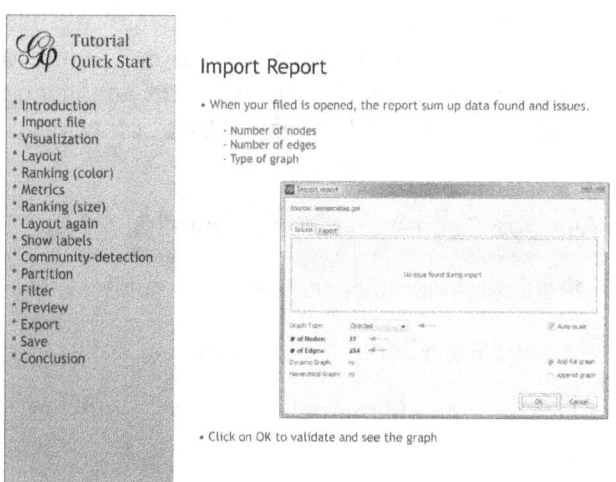

Il grafo risultante sarà molto complesso. È quindi necessario lavorare con i "*layout*" per riordinare i nodi e ottenere una visualizzazione grafica del *network* (grafo) abbastanza ordinata. Come NodeXL, anche Gephi offre un numero sufficiente di *layout* tra i quali scegliere. Tutti i *layout* sono disponibili nel pannello di sinistra del *software*, intitolato appunto:"*Layout*". Il più utilizzato è sicuramente "Force Atlas2" che si attiva premendo il tasto "*Run*". Se il grafo ottenuto è eccessivamente compattato, si consiglia di applicare una o più volte il layout "*Expantion*".

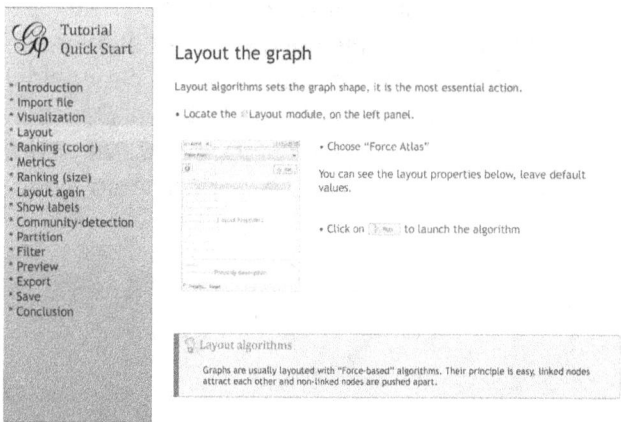

A questo punto Gephi riorganizzerà i nodi in base all'algoritmo utilizzato. Ogni nodo può rappresentare un utente, un *hashtag* o molte altre cose che possiamo leggere attraverso l'uso delle etichette. Se vogliamo leggere sul grafo questa etichetta, bisognerà agire sul pannello in calce. Cliccare sul pulsante [T] e ridimensionare la *font* tramite il menu a scorrimento.

La visualizzazione del grafo ancora non è interessante ai fine dell'analisi SNA. Dobbiamo calcolare gli indicatori statistici. Questo è reso possibile tramite la movimentazione del pannello sulla destra "*Statistics*". Tra le varie statistiche proposte per i fini dell'analisi SNA si propone di usare:

- Average Degree: misure di centralità;

- Modularity: identificazione di community;

- Average Path Lenght: Betweenees, Closeness.

A tal fine agiamo sul pannello di destra"*Statistics*":

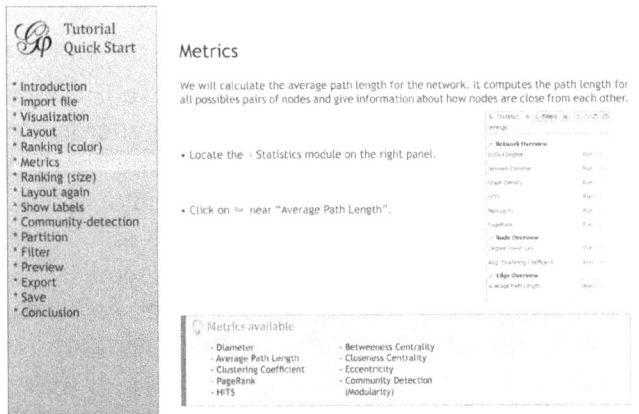

Chiediamo a Gephi di calcolare i diversi indicatori. Una volta che il sistema ha i "numeri" possiamo lavorare sulla rappresentazione grafica. Tramite il menu "*Ranking*" presente sulla sinistra del pannello possiamo chiedere a Gephi di variare le dimensioni (*ranking size*) dei nodi in base al valore di *Between centrality* e il colore(*ranking color*), in base al valore di *Indegree centrality* che ha ogni singolo nodo.

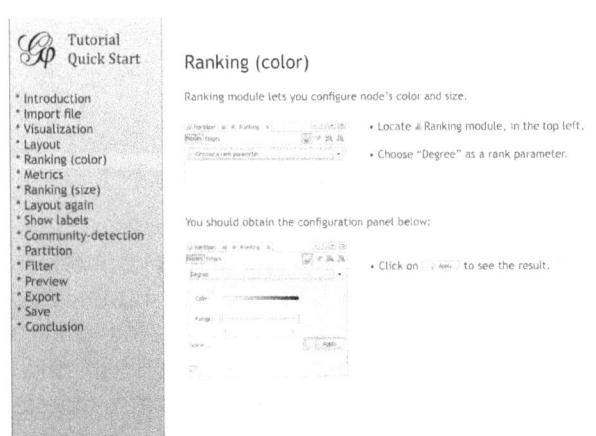

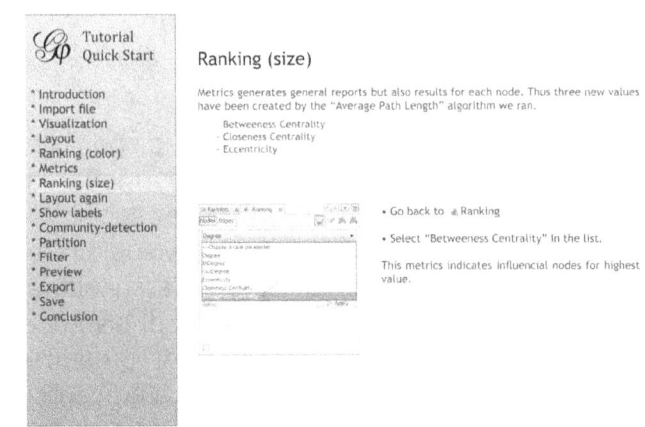

Studiamo adesso il caso della *modularity*. È interessante, ai fini dell'analisi SNA, identificare e rappresentare su grafo, i gruppi tematici, ossia quei gruppi di nodi che affrontano lo stesso tema, noti come gruppi o *community*. All'interno del pannello *Statistics* andiamo quindi a calcolare la *Modularity*.

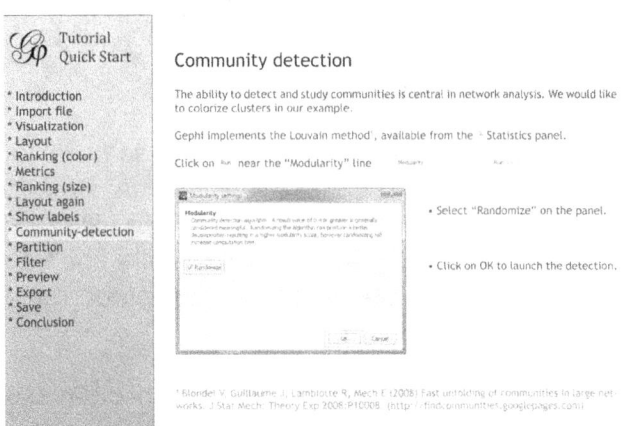

Il calcolo va ad abilitare l'opzione *Modularity* nel pannello di sinistra all'interno del menu "*Partition*".

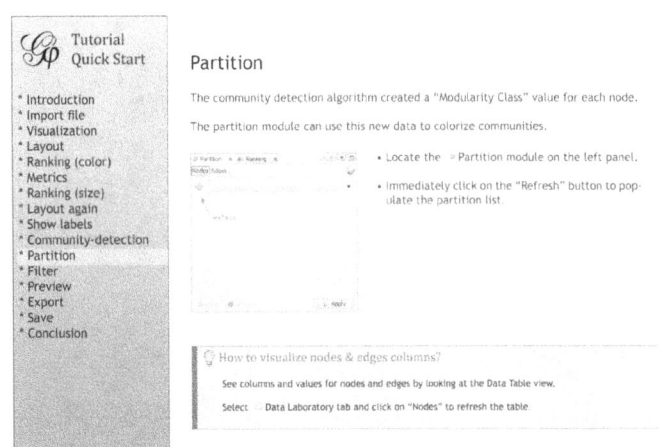

Selezioniamo quindi "*Modularity*" e "*Run*", Il sistema andrà a colorare i nodi in base ai gruppi di appartenenza. A questo punto bisognerà rimettere in moto il *layout* "ForceAtlas2" per aggiornare il grafo. Il grafo mostrerà nodi raggruppati in base ai gruppi di appartenenza; ogni gruppo sarà distinto dal colore di appartenenza.

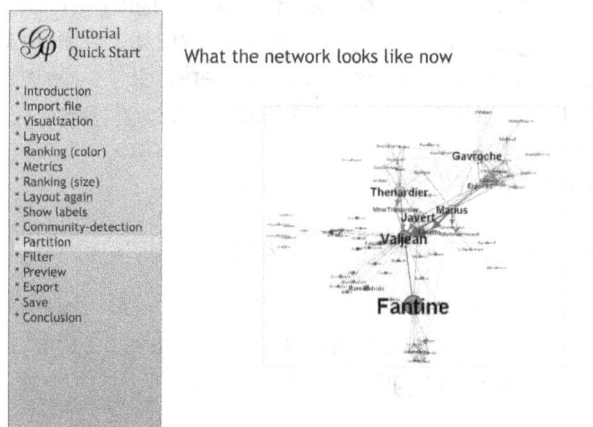

Anche per Gephi l'uso dei filtri aiuta a comprendere meglio il grafo. Tramite i filtri possiamo depurare il grafo da nodi poco significativi, come quelli che hanno un valore di *Degree* < 2, oppure possiamo concentrare l'analisi solo su una *community*. L'uso dei filtri permette anche di considerare una sola statistica alla volta: applicando i filtri posso subito identificare graficamente quali sono i nodi che ricoprono specifici ruoli.

Vediamo come attivare i filtri di Gephi per depurare il grafo dai nodi poco significativi per la SNA.

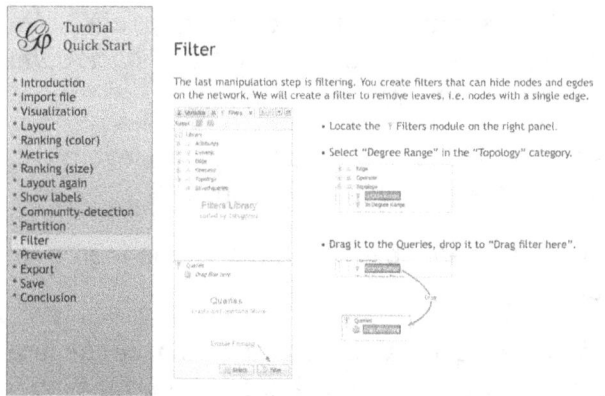

Se desideriamo filtrare l'indicatore *Degree Centrality*, possiamo chiedere al *software* di depurare il grafo dai nodi con valori di *Degree* < 2. Questo ci permetterà di lavorare solo sui nodi che hanno almeno due relazioni. Per farlo andiamo ad agire sul pannello "*Filters*", voce *Queries*, e qui selezioniamo "*Degree Centrality*" con valore pari a 2.

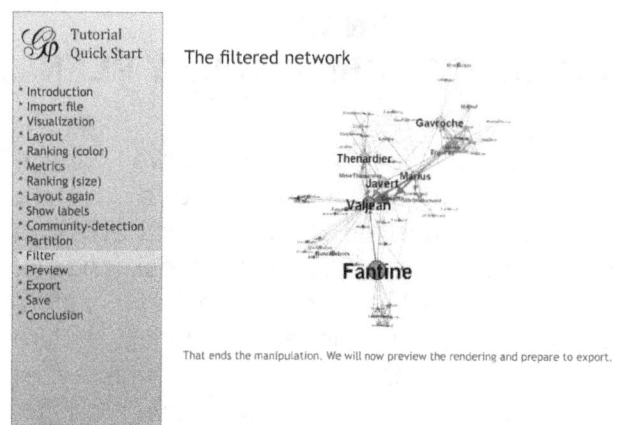

A questo punto possiamo chiedere a Gephi una rappresentazione del grafo più "presentabile" agendo sul *top banner* del menu, quindi sul pannello "*Preview*" e infine premendo su "*Run*".

Il software Gephi è un sistema aperto che ci permette di installare molti *plugin* e di utilizzare anche file .csv, dandoci quindi la massima flessibilità. Per approfondimento: https://gephi.org/users/supported-graph-formats/.

SNAP:
SOCIAL NETWORK ACTIVITY PLAN
Fonte: elaborazione personale

Presentiamo qui il modello operativo capace di aiutare le imprese a pianificare e lavorare correttamente con le reti sociali, in ottica SNA e in piena sicurezza. Attraverso l'utilizzo del modello, l'impresa può identificare non solo gli influenzatori, ma anche tutti coloro che potranno aiutarla a rendere la propria comunicazione più performante nel momento in cui deve: lanciare un nuovo prodotto, promuovere un evento o una persona, gestire una crisi, diffondere comunicazioni aziendali e molto altro ancora. Il modello utilizza internet come fonte di dati, identifica i nodi influenzatori e tutti quelli che hanno un ruolo rilevante per la *Social Network Analysis*. Il modello, chiamato SNAP MODEL: Social Network Activity Plan, si compone di sei fasi molto operative, vediamole insieme.

FASE1: Identificazione del mercato di riferimento

Il modello vede internet come un grande mercato a cui si vuole rivolgere l'impresa inoltre, utilizza i motori di ricerca come strumenti utili per i suoi fini. Anche in internet esistono dei confini "geografici", che possono essere identificati tramite alcuni settaggi dei motori di ricerca. L'efficacia dei motori di ricerca, come strumenti per la ricerca di informazioni nel web è provata, ormai da molte ricerche autorevoli che ne consigliano l'uso anche per fini aziendali. Stessa cosa vale per i Social Media: spesso sono luoghi nascosti ai tradizionali motori di ricerca, (come Facebook a cui Google ancora non può accedere) ma possiedono al loro interno un proprio motore di ricerca, altrettanto efficace e preciso. Il modello SNAP propone proprio di utilizzare questi motori di ricerca.

Identificare il mercato di riferimento per lo SNAP Model significa, in primis, stabilire la nazione di riferimento in cui si vuole lavorare (comunicare) e trovare i motori di ricerca più utilizzati dagli utenti di quella nazione, suddividendoli fra i motori che organizzano e catalogano il web e quelli che lavorano all'interno dei social media.

FASE2: costruzione del keyword panel

Il modello inizia a lavorare sull'oggetto di comunicazione dell'azienda: supponendo che l'obiettivo sia comunicare l'offerta aziendale, il modello la sintetizza attraverso una selezione di parole chiave (*keyword*). Solitamente le aziende propongono un'offerta composta da una varietà di prodotti e servizi, così da soddisfare un'altrettanto varia clientela. Ogni gruppo di clienti, detto *target*, sarà collegato ad una specifica offerta aziendale, sintetizzata a sua volta da una serie di *keyword* formanti quello che si chiama:"*Keyword panel*", ossia l'insieme di parole chiave. Sono due, quindi, gli aspetti su cui iniziare lavorare:

1) Studio dei bisogni dei *target* di riferimento;

2) Identificazione delle parole chiave sintetizzanti l'offerta aziendale, che soddisfa i diversi bisogni di ogni *target*.

Per studiare i bisogni dei *target* di riferimento, è necessario rispondere alla domanda:"A chi vogliamo rivolgere il nostro messaggio?".

A tal fine si suggerisce di costruire una rappresentazione dei diversi *target* d'impresa nota come "*marketing personas*"- Marketing personas è un termine usato per definire delle persone fittizie create "su carta" che rappresentano una persona tipo, con specifiche caratteristiche, sintetizzate in una vera e propria carta di identità. Per costruire questa carta di identità si andranno a sondare tre aspetti:

1. Dati personali: nome, cognome, età, vita familiare, ambiente di lavoro, *backround* scolastico, frasi tipo dette;

2. Attributi: descrizione dell'attività lavorativa, *hobby*, interessi, capacità di spesa;

3. Obiettivi: quali bisogni ha e come cerca di raggiungerli.

Al termine di questa ricerca l'impresa conoscerà meglio i suoi *target* e potrà creare dei messaggi capaci di entrare nel loro sistema di valori, stili di vita, umori e linguaggi. I messaggi presteranno attenzione ai loro simboli, rispetteranno le loro ansie. Analizzare le abitudini, conoscere le propensioni dei target, permetterà all'impresa di interessarli, intrattenerli, divertirli e sensibilizzarli sempre con l'accortezza di impiegare il mezzo più appropriato per catturare la loro l'attenzione.

Per ogni carta di identità si identificano i bisogni dei diversi *target* e si sintetizzano in gruppi di parole chiave, che andranno poi collegati a una specifica offerta aziendale. Il binomio *target-bisogni* è chiamato *cluster*. A termine analisi, avremo a disposizione una serie di carte d'identità rappresentanti i diversi *target* d'impresa, ogni *target* sarà collegato a una serie di bisogni e i *cluster target*-bisogni, saranno collegati a specifiche offerte aziendali. A loro volta, le offerte aziendali saranno sintetizzate mediante l'uso di un insieme di parole chiave dette *"keyword panel"*. Ogni *cluster* avrà quindi il suo *keyword panel* collegato.

Questi *keyword panel* così costruiti, dovranno necessariamente essere ottimizzati per assumere una valenza nel web. Per l'ottimizzazione web delle parole chiave, il modello propone di utilizzare i motori di ricerca, dotati di una serie di strumenti utili allo scopo. Citando solo il caso mercato Italia, e il solo motore di ricerca Google.it, gli strumenti utili e disponibili per ottimizzare i *keyword panel* sono:

1. Google AdWords;

2. Google Autocomplete;

3. Google Related Search;

4. Google Trend.

Come si procede a livello operativo? Per ogni *keyword* facente parte dei *cluster*, si interrogano i motori, tramite i loro strumenti di verifica, in modo da creare una lista di parole chiave più corposa di quella iniziale. Così facendo, si ottengono delle liste di parole chiave costituite da vocaboli effettivamente utilizzati *online* dagli utenti. Si scoprono ad esempio, termini collegati alle parole chiave di partenza, a cui non si aveva pensato e che sono effettivamente utilizzati dal *target* quando interrogano i motori alla ricerca di soluzioni per i loro bisogni. I *panel* così "rimpolpati", sono un insieme di parole chiave, che devono adesso essere ottimizzate, in base a tre livelli di importanza:

1. Importanza per l'azienda;

2. Importanza per per il web;

3. Importanza per il *target*.

Il primo livello di importanza, comporta un'analisi qualitativa, gli altri due livelli, un'analisi quantitativa. Vediamo adesso assieme come affrontare lo studio dei tre livelli di importanza.

L'importanza per l'azienda [0-10]: ad ogni parola chiave viene dato un punteggio da 0 a 10, a seconda dell'importanza che la parola chiave ha rispetto al fine che il responsabile aziendale si è posto.

L'importanza per il web [0-10]: è sintetizzata nel calcolo dell'indicatore KEI dato da [(Ricerche mensili locali)^2]/ Competizione

- Ricerche mensili locali: indica quante volte in un mese il motore di ricerca è stato interrogato per quella specifica *keyword* localmente (in Italia).

- Competizione: indica quante pagine il motore di ricerca ha indicizzato localmente (in Italia) per quella specifica *keyword*, in un determinato lasso temporale.

Con Google entrambi i valori sono ottenibili dallo strumento AdWords.

Dovendo normalizzare tutti i risultati in base 10, ecco l'approssimazione che il modello propone di seguire:

KEI <10 → normalizzato a base 10 ottiene un valore di importanza per il web pari a 9;

10< KEI <100 → normalizzato a base 10 ottiene un valore di importanza per il web pari a 6;

KEI> 100 → normalizzato a base 10 ottiene un valore di importanza per il web di pari a 3.

Per ogni *cluster,* si compila una tabella come la seguente, nella quale si ordineranno le parole chiave, in base al valore di importanza che hanno per il web.

ELENCO PAROLE CHIAVE	IMPORTANZA PER IL WEB	KEI
parola chiave 1	3	269,445
parola chiave 2	3	249,523
parola chiave 3	3	180,9
parola chiave 4	3	148,5
parola chiave 5	6	35,45
parola chiave 6	6	59,697
parola chiave 7	9	7,556

L'importanza per il *target* [0-10]: è data dal calcolo del *Keyword Difficulty*: difficoltà che avrà una specifica parola chiave a posizionarsi tra i primi risultati della SERP *Search Engine Research Page* ossia, i risultati proposti dai Motori di Ricerca dopo che è stato interrogato. Molti sono gli indici da considerare per il calcolo del *Keyword Difficulty* ma il modello ne considera solo alcuni. Maggiore è il valore di *Keyword Difficulty,* più grande sarà l'interesse a utilizzare quella specifica *keyword* perché indica che esistono nel web molti utenti interessati alla materia. Per calcolare l'indicatore è necessario ricercare nel motore di ricerca ogni parola chiave del *keyword panel* ed elencare tutte le *url* delle prime due SERP che il motore fornisce come risultato. Gli elementi da considerare, poi, per il calcolo del *keyword difficulty* sono diversi ma possiamo così sintetizzarli:

1. Page Rank dello specifico url;

2. Page Rank del dominio;

3. Numero di backlink che puntano all'url;

4. Tasso di ottimizzazione della pagina;

5. Alexa Rank;

6. Segnali Social;

7. Età del domino;

8. Ricerche mensili.

Di suo, l'indice calcolato tramite i *tool* che si trovano *online*, che si consiglia di usare, risulta con valori in percentuale ecco che sarà necessario normalizzare il valore ottenuto in base 10 così che ogni parola chiave, avrà un valore in un *range* da [1-10] nei sui diversi punteggi che andremo a trovare.

A termine del calcolo dei tre livelli di importanza, si ottiene una lista di parole chiave ordinate in base ai relativi tre livelli di importanza, con valore [0-10]. Dobbiamo adesso andare a calcolare il valore di importanza complessiva, per ogni parola chiave trovata. L'importanza complessiva è data dal calcolo dell'indice di importanza complessivo, ottenibile dalla seguente formula:

Indice di Importanza complessivo = [(importanza per il web) + (importanza per l'utente) + (importanza per la rete)] / 10

Una tabella di sintesi aiuterà a ordinare la lunga lista di *keyword* analizzate.

ELENCO PAROLE CHIAVE	IMPORTANZA PER L'AZIENDA	IMPORTANZA PER IL WEB	IMPORTANZA PER L'UTENTE	INDICE DI IMPORTANZA COMPLESSIVO
parola chiave 1	0	3	3	0,6
parola chiave 2	8	3	5	1,6
parola chiave 3	6	3	4	1,3
parola chiave 4	4	3	2	0,9
parola chiave 5	4	6	4	1,4
parola chiave 6	2	6	7	1,5
parola chiave 7	4	9	9	2,2
parola chiave 8	6	9	8	2,3
parola chiave 9	2	9	8	1,9
parola chiave 10	3	9	10	2,2

Si procede quindi con il riordino delle parole chiave, in base al livello di importanza complessivo e a scremare le *keyword* con indice di importanza complessivo < 0,5.

ELENCO PAROLE CHIAVE	INDICE DI IMPORTANZA COMPLESSIVO
parola chiave 8	2,3
parola chiave 7	2,2
parola chiave 10	2,2
parola chiave 9	1,9
parola chiave 2	1,6
parola chiave 6	1,5
parola chiave 5	1,4
parola chiave 3	1,3
parola chiave 4	0,9
parola chiave 1	0,6

Abbiamo così ottenuto il **keyword panel ottimizzato**. Ogni *cluster* sarà collegato al suo *keyword panel* ottimizzato, costruito considerando tutti i fattori sopra visti. Calcolare a mano tutti gli indici richiede un dispendio di tempo eccessivo. Ecco che è opportuno utilizzare uno strumento per automatizzare il calcolo. Ne esistono oggi tantissimi sul mercato.

FASE3: **Costruzione dell'url panel**

Ogni *cluster* è collegato a un *panel di keyword* ora ottimizzato. Per ogni *keyword,* tramite *query* sui motori di ricerca, si possono trovare ora le pagine web indicizzate per quella specifica parola chiave. Consigliamo di prendere in considerazione, per la raccolta dei siti (*url*), le sole prime due pagine della SERP. Anche in questo caso, l'elenco delle *url*, deve essere ottimizzato considerando l'importanza della singola *url* per l'azienda, per il *target* e per il web.

Importanza per l'azienda: procediamo con un'analisi qualitativa tramite la quale andiamo a scremare l'elenco delle url presenti all'interno degli *url panel*. Per il calcolo dell'importanza per il *target* e per il web, invece, è necessaria un'analisi di tipo quantitativo, così strutturata:

Importanza per il target [0,10]	Importanza per il web [0,10]
Numero di backlink	URL inserito in directory
Menzioni Twitter del dominio	Età del dominio
+1 in G+	Google PR del dominio
Numero link Facebook	Alexa Rank del dominio
Numero share	Numero pagine indicizzate in Google
Numero commenti	Google Popularity: numero backlink indicizzati in Google
	Alexa Rank dei backlink
	Google Pr dei backlink

Svolgere a mano questo calcolo è estremamente dispendioso in termini di tempo. Si suggerisce quindi, l'uso di *tool* che automatizzino queste fasi analitiche.

La fase tre dello SNAP Model si conclude con la costruzione dell'*url panel*: un elenco di *url*, che rispecchia i tre livelli di importanza.

FASE4 e FASE5: Mappatura delle relazioni in ingresso e in uscita

Se il nostro punto di arrivo è la costruzione di una rete sociale, possiamo considerare ogni *url* un nodo di questa rete sociale, collegato ad altri nodi tramite *link*. Il *link* rappresenta infatti la relazione che intercorre fra un nodo e l'altro. Ogni nodo della rete, quindi, ogni *url*, può avere due tipologie di relazioni differenti:

1. Relazioni in ingresso: sono i *backlink*;

2. Relazioni in uscita: sono gli *external link*.

La fase 4 e la fase 5, vanno proprio a ricercare e elencare questi due tipi di relazione (in ingresso e in uscita) per ogni *url* dell'*url panel*.

FASE6: Disegno e analisi della Rete Sociale

Questo sistema ci consente di mappare la rete internet scegliendo solo i siti web più rilevanti: quelli presenti all'interno dei diversi *url panel* ottimizzati. I siti web inseriti nell' *url panel* trattano uno specifico tema, quello sintetizzato dalle *keyword* facenti parte dei *keyword panel*. Arrivati a questo punto, abbiamo a disposizione tutto quello che ci serve per alimentare il database di un *software* SNA per

il calcolo degli indici di centralità, l'identificazione dei gruppi (*community*) e, per ognuno di questi, l'individuazione di chi detiene uno dei cinque ruoli previsti dalla SNA.

INTERNET E SNA: CASO PRATICO
Fonte: elaborazione personale

Proponiamo qui di seguito il caso pratico di Mark, responsabile marketing e comunicazione di un B&B sito in una località turistica di montagna. Mark si pone come obiettivo quello di promuovere la struttura prima dell'apertura della stagione estiva. Contando su un *budget* non così sostanzioso, Mark deve ottimizzare tutte le sue mosse. Sceglie di farsi aiutare dalla *Social Network Analysis* per identificare i luoghi on-line in cui si trovano i suoi clienti online e chi li influenza. Fatto questo, seguirà il contatto e la successiva collaborazione con gli influenzatori. Da buon "uomo di marketing", Mark inizia subito a pianificare l'attività utilizzando un'ottima guida: lo SNAP Model. Pianificare è l'attività principe, rispetto a tutte quelle che seguiranno, perché consentirà a Mark di monitorare, giorno dopo giorno, gli obiettivi prefissati e quelli raggiunti. Inoltre permetterà a chi è chiamato a valutare il lavoro di Mark sia di verificare che gli obiettivi definiti siano coerenti con quelli aziendali, sia di verificare lo stato di avanzamento dei lavori. Mark costruisce il suo *Social Network Activity Plan:* un percorso in sei fasi sotto riportate.

Fase1: identificazione del mercato di riferimento;
Fase2: costruzione del *keyword panel*;
Fase3: costruzione dell'*url panel*;
Fase4: mappatura delle relazioni in ingresso;
Fase5: mappatura delle relazioni in uscita;
Fase6: disegno e analisi delle reti sociali.

FASE1: identificazione del mercato di riferimento

Mark intende promuovere il B&B al pubblico italiano. Il mercato geograficamente identificato è quindi l'Italia. Il motivo per il quale è necessario identificare la Nazione, come mercato, sta nel prossimo uso che Mark farà dei Motori di Ricerca, per reperire i dati e aiutarsi nell'analisi delle reti sociali che andrà a studiare mediante la SNA. Per la nazione Italia, i motori di ricerca di riferimento sono ben tre: Google.it, Yahoo.it e Bing.it, mentre, i principali Social Media sono Facebook, Twitter e Instagram. Per i Social Media Mark utilizzerà il motore di ricerca interno.

Fase 2: **costruzione del Keyword Panel**

Mark sintetizza l'offerta della sua struttura ricettiva, in parole chiave capaci di richiamare tutti gli elementi di differenziazione necessari a soddisfare i diversi bisogni della sua clientela. Due sono quindi gli aspetti che Mark deve considerare per questa seconda fase: i bisogni dei *target* di riferimento e le modalità in cui soddisfarli. Mark si rende conto che non ha di fronte un solo *target* a cui comunicare, ma più *target* diversi: sportivi, anziani, coppie in luna di miele, famiglie comprendenti persone con esigenze specifiche come handicap o intolleranze.

Decide quindi di costruire le carte di identità di una "persona tipo" per ogni *target* identificato.

Per fare questo Mark sonda tre aspetti:

1. Dati personali: nome e cognome, età, vita familiare, ambiente di lavoro, backround scolastico, frasi tipo;

2. Attributi: descrizione dell'attività lavorativa, hobby, di cosa si parla. Disponibilità economica.

3. Obiettivi: quali obiettivi ha e come cerca di raggiungerli, *Wishlist* (i bisogni del target).

Ogni carta d'identità rappresenta un *target* e i suoi bisogni(*cluster*). Mark dovrà capire come la struttura alberghiera può soddisfare i bisogni di ogni *target*. Per farlo sintetizza l'offerta aziendale in tante parole chiave rispondendo alla domanda: *"Quali sono le parole chiave che soddisfano i bisogni dei target?"*. Ogni *cluster* avrà più bisogni e quindi più parole chiave. Ecco quindi come costruire il *keyword panel*. Lo schema generale che Mark segue per questa attività è quindi il seguente:

n. target → n. bisogni → n. keyword

Ecco il profilo della prima *personas* costruita da Mark:

Target 1: nucleo familiare composto da due genitori over 45 anni con 2 figli, accompagnati in vacanza dai nonni. La figlia è celiaca, il figlio e il padre sono appassionati di sport acquatici, mentre la madre adora la bicicletta e le vacanze rilassanti in montagna. I nonni hanno ormai una certa età,

adorano passeggiare, non usano più l'automobile e si muovono con i mezzi pubblici. Tutta la famiglia è solita svegliarsi presto la mattina e trascorrere la maggior parte della giornata fuori casa all'aria aperta.

Dallo studio di questa *personas* Mark è in grado di identificare 5 *Cluster* diversi (target-bisogni) collegandoli a specifiche offerte aziendali.

Cluster 1 → Target: papà con figlio | Bisogni: entrambi hanno il bisogno di praticare sport acquatici. Offerta aziendale: pacchetto *rafting*;

Cluster 2 → Target: figlia. | Bisogni: celiaca. Offerta aziendale: menu *gluten free*;

Cluster 3 → Target: madre. | Bisogni: adora andare in bicicletta durante il giorno. Offerta aziendale: noleggio bici e bici *tour*;

Cluster 4 → Target: nonni. | Bisogni: raggiungere la struttura senza auto, passeggiare. Offerta aziendale: taxi e *tour* organizzati su sentieri montani;

Cluster 5 → Target1: nucleo familiare | Bisogni: insieme dei bisogni dei singoli target. Offerta aziendale: insieme delle offerte.

Per questa attività di sintesi, Mark trova aiuto nell'utilizzo delle mappe mentali: ne crea una per ogni *cluster* identificato. All'interno della mappa mentale, Mark inserisce centralmente il nome della struttura alberghiera B&B e tutto attorno, inserisce i bisogni dei *target* sintetizzati con parole chiave. Per ogni bisogno poi Mark andrà a collegare una specifica offerta aziendale.

Nel caso rappresentato nella figura sottostante Mark sta analizzando il *target 5:* nucleo familiare. Questo è un target articolare perché ha al suo interno gli altri quattro *target*. Nelle aree interne sono elencati tutti i bisogni dei diversi *target* e nelle aree più esterne l'offerta aziendale tramite la quale Mark intende soddisfare questi bisogni.

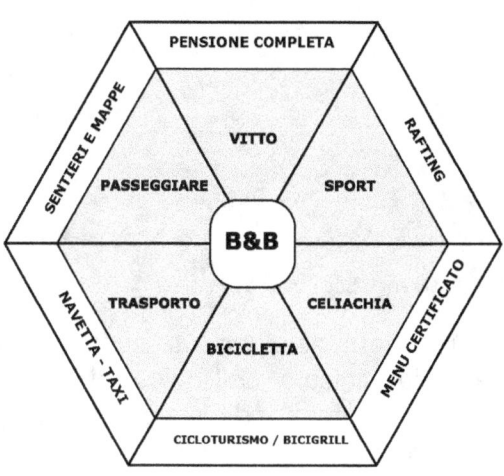

TARGET 1
NUCLEO FAMILIARE

Tutte queste offerte aziendali formeranno il *keyword panel*. Da buon uomo di *marketing*, Mark sa che tutto ciò che viene da lui personalmente proposto, tramite la mappa mentale, deve essere necessariamente supportato da numeri, che ne comprovino la valenza. Queste liste di *keyword*, devono quindi essere verificate tramite strumenti, che possiamo definire "probatori" per il mercato *online*, che assicurano delle parole chiave (*keyword*) ottimizzate. Per l'ottimizzazione, Mark usa gli strumenti che i Motori di Ricerca mettono a disposizione (considerando in questo caso il solo mercato italiano):

Google.it	Google AdWords Keyword Planner
Google.it	Google Autocomplete
Google.it	Google Related Searchs
Google.it	Google Trends
Bing.it	Bing Search Suggestions
Bing.it	Bing Related Search
Yahoo.it	Yahoo! Search Assist

Per quanto riguarda i Social Media, Mark utilizzerà i motori di ricerca interni di: Facebook, Twitter e Instagram.

Per questa attività Mark decide di iniziare dal *cluster 3*, un *cluster* a lui molto caro perché nel piano di sviluppo del B&B si sono già stanziati dei fondi per potenziare l'accoglienza verso i cicloturisti. Al *cluster,* Mark ha collegato la seguente lista di parole chiave rappresentati l'offerta aziendale: percorsi in bici, mappa itinerari in bici, bicigrill, Altavia in bicicletta. Una lista che deve essere ottimizzata per il mercato Italia, tramite i motori di

ricerca.

(L'esempio che segue si focalizza sul solo motore Google.it mentre la stessa analisi riguardante i Social Media, sarà affrontata nei capitoli che seguono).

Mark inizia dal Motore di Ricerca Google.it. Per ogni *keyword panel* collegato ai *cluster,* Mark interroga gli strumenti *Google trend, Google Related Search* e Google *Autocomplete,* per costruirsi un elenco corposo di parole chiave. Infine, l'ultimo strumento che utilizza per ottimizzare il *keyword panel* è *AdWords* che Mark usa per ottimizzare la lunga lista, ponendo come filtro: Italia, lingua italiana, 12 mesi.

Dalla ricerca sui primi tre strumenti di Google, Mark ottiene per la sola *keyword* "bicicletta" un elenco con oltre 1000 parole chiave.

Un insieme esaustivo che Mark deve ottimizzare in base ai tre livelli di importanza visti in precedenza (per l'azienda, per il web e per il target).

Importanza per l'azienda: Mark screma la lunga lista di parole chiave, assegnando punteggi da 0 a 10, ottenendo una serie di liste collegate ai diversi *cluster,* contenenti parole chiave importanti per l'azienda ma che devono essere ancora vagliate in base a ciò che è importante per il *web* e per il *target.*

Importanza per il web: per ogni parola chiave identificata, Mark calcola l'indice KEI considerando i due indicatori: Ricerche mensili locali e Competizione (ricavabili da AdWords).

#	Keyword	KEI	# of Searches	Competition
1	cerco lavoro part time	9.811	33.100	High
2	b&b roma	9.049	27.100	High
3	b&b milano	8.583	22.200	High
4	lavoro da casa	6.376	18.100	High
5	annunci di lavoro	5.376	18.100	High
6	lavorare da casa	4.356	14.800	High
7	corso di formazione	4.356	14.800	High
8	b&b firenze	3.554	12.100	High
9	b&b venezia	1.960	6.600	High
10	b&b bologna	1.960	6.600	High
11	b&b verona	1.960	6.600	High
12	b&b torino	1.960	6.600	High
13	lavoro all'estero	1.960	6.600	High
14	b&b palermo	1.604	5.400	High
15	b&b napoli	1.604	5.400	High

La tabella viene riordinata a seconda dei valori di KEI, ottenendo un ranking come segue in figura:

#	Keyword	KEI	# of Searches	Competition
1	mtb	268.445	673.000	Low
2	offerte di lavoro	348.623	823.000	Medium
3	mountain bike	232.696	823.000	High
4	bicicletta	180.909	201.000	Low
5	bici	148.000	120.000	Low
6	lavoro	135.453	301.000	Medium
7	biciclette	58.867	201.000	High
8	cerco lavoro	58.067	201.000	High
9	lavora con noi	54.453	60.500	Low
10	offerte	54.453	60.500	Low
11	bici da corsa	49.005	165.000	High
12	bianchi biciclette	44.553	49.500	Low
13	celco	44.553	49.500	Low
14	biciclette milano	40.725	93.500	Medium
15	lavoro part time	35.453	40.500	Low

A questo punto Mark normalizza in base 10 tutti i valori, seguendo l'approssimazione seguente:

KEI <10 →normalizzato a base 10 ottiene un punteggio di 9
10< KEI <100 → normalizzato a base 10 ottiene un punteggio di 6
KEI >100 → normalizzato a base 10 ottiene un punteggio di 3

Mark costruisce una tabella nella quale elenca le parole chiave, ordinate in base al loro valore di importanza [0-10] per il web dato dal valore normalizzato in base 10 del KEI.

Importanza per il target: Mark calcola l'indicatore "*Keyword Difficulty*" per ogni parola chiave facendosi aiutare da un *tool online.* Costruisce una tabella nella quale elenca le parole chiave ordinate in base al loro valore di importanza [0-10] dato dal *Keyword Difficulty* in percentuale. In questo caso la normalizzazione in base 10 è più semplice perché, a un valore di *Keyword Difficulty* del 40% si collega un valore di importanza pari a 4.

I tre livelli di importanza sono poi messi a confronto con il calcolo dell'indice di importanza complessivo, che consegna a Mark, per ogni *cluster,* una lista di *keyword* ottimizzata. Questa sarà poi utilizzata per identificare e disegnare la rete sociale, sulla quale agire per la promozione della struttura.

Fase 3: Costruzione dell'*url panel*:

Mark inizia a ricercare tutte le *url* collegate alle diverse parole chiave dei *keyword panel.* Una lunga serie di *url* di cui Mark deve verificare i tre livelli di importanza: per l'azienda, per il *target* e per il *web.*

L'esempio che segue si focalizza sul solo cluster3: mamma-biciclette, all'interno del motore Google.it.

Sotto, in figura, un esempio di analisi fatta sul *cluster* "biciclette" tramite l'uso di uno strumento online (Link Assistant - SEO Power Suite). Lo strumento ricerca le *url* che Google.it propone nelle prime due SERP inoltre e calcola i principali indicatori che permettono a Mark di stimare l'importanza delle *url* sia per il *web* sia per il *target.*

Fonte: Link Assistant – Seo Power Suite

A ogni *url* Mark assegna un punteggio da [0-10] dato dal calcolo dell'indice di importanza, ottenuto dal confronto dei valori dei singoli tre livelli di importanza. La scrematura successiva delle *url* avviene in base al valore minimo che Mark ritiene accettabile. Ad es. valore > 2 vuol dire che Mark non considera le *url* con un voto complessivo dei 3 livelli di importanza minore di 2. Ciò che rimane dalla scrematura è l'**url panel ottimizzato.**

Fase 4: **mappatura delle relazioni in ingresso**

Per relazioni in ingresso si intendono i *backlink.* Per ottenere la mappatura delle relazioni in ingresso, Mark dovrà elencare i *backlink* di ogni *url* appartenente all'*url panel.*

Mark considera sempre il *cluster* 3: madre-bicicletta, Ecco come procede:

Esempio: **Cluster Bicicletta.** *Url* estrapolati dell'*url panel*:
http://www.giornalettismo.com
http://www.rivistabc.com
http://www.cyclopride.it

Mark ricerca i *backlink* per ogni *url.*

Backlink di URL: http://www.cyclopride.it

Backlink di URL: http://www.rivistabc.com

Backlink di URL: http://www.giornalettismo.com

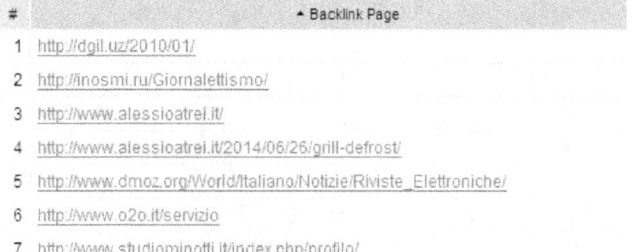

Fase 5: **mappatura delle relazioni in uscita**

Per ottenere la mappatura delle relazioni in uscita, Mark elenca i *link* in uscita (*external link*) di ogni *url* appartenente a un *url panel*.

Mark considera sempre il *cluster* 3: madre-bicicletta, Ecco come procede:

Esempio: **Cluster Bicicletta:** *url* estrapolati dall'*url panel*:

http://www.giornalettismo.com http://www.rivistabc.com http://www.cyclopride.it

Externalink di URL: http://www.cyclopride.it in figura vd. sotto

Fonte: SEO FROG

Fase 6: **disegno e analisi delle reti sociali**

Per Mark è arrivato il momento di disegnare la Rete Sociale derivante dall'analisi delle *url* raccolte e scremate. Per questa attività decide di utilizzare il *Template*: "NodeXL".

Per la creazione della rete sociale, Mark predispone un database con tre *dataset*: *url panel*, *backlink* e *externalink*. Il *software* è in grado di disegnare la rete sociale di ogni *cluster* e aiuta a calcolare i principali indicatori della *Social Network Analysis*. La prima operazione necessaria è l'importazione del *database* all'interno di NodeXL. Mark compila le prime due colonne del foglio "*Edges*" come segue:

url panel del *Cluster* 3: madre-bicicletta

Il primo url inserito è il sito: magicoveneto.it Le due colonne presenti nel foglio "*Edges*" nominate *vertex1* e *vertex2* devono essere così compilate:

• *Vertex1: inserire gli url di tutti i backlink del sito (nodo): magicoveneto.it;*

• *Vertex2: per ogni Vertex1 inserire sempre il nodo: magicoveneto.it.*

Successivamente Mark dovrà inserire gli *external link* come segue:

- *Vertex1:* inserire sempre il nodo: magicoveneto.it;

- *Vertex2:* inserire gli *url* di tutti gli *external link* di magicoveneto.it.

Questa operazione va ripetuta per tutti gli *url* presenti nell'*url panel* dei diversi *cluster*.

Nella tabella sottostante si mostra come devono essere compilate le prime due colonne, del foglio "*Edges*".

Vertex 1	Vertex 2
http://www.veniceairport.it/trasporti/venezia-e-dintorni.html	http://www.magicoveneto.it/
http://www.enrosadira.it/mtb/index.html	http://www.magicoveneto.it/
http://www.piccoledolomiti.info/doceboCms/	http://www.magicoveneto.it/
http://www.ca-sette.it/	http://www.magicoveneto.it/
http://www.dolomitiunesco.it/credits/	http://www.magicoveneto.it/
http://www.hoteldoriguzzi.it/default.asp?ild=GGEHHJ	http://www.magicoveneto.it/
http://www.hcc.it/	http://www.magicoveneto.it/
http://www.hoteldeichiostri.com/it/link.aspx	http://www.magicoveneto.it/
http://www.carocca.it/it/links	http://www.magicoveneto.it/
http://www.magicoveneto.it/	http://www.dolomiti-altevie.it/
http://www.magicoveneto.it/	http://www.schlueterhuette.com/
http://www.magicoveneto.it/	http://www.fuciade.it/
http://www.magicoveneto.it/	http://www.pratopiazza.com/
http://www.magicoveneto.it/	http://www.rifugiovenezia.it/
http://www.magicoveneto.it/	http://www.vallandro.it/
http://www.magicoveneto.it/	http://www.rifugiodalpiaz.it/
http://www.magicoveneto.it/	http://www.rifugiovieldalpan.com/
http://www.magicoveneto.it/	http://www.rifugioscotter.it/
http://www.magicoveneto.it/	http://www.rifugioboe.it/
http://www.magicoveneto.it/	http://www.rifugioremauro.it/
http://www.magicoveneto.it/	http://www.rifugiotreviso.it/
http://www.magicoveneto.it/	http://www.rifugiosanmarco.com/
http://www.magicoveneto.it/	http://www.rifugiovandelli.it/

Così facendo, per ogni *url* del *url panel* del *cluster*3 madre-biciclette, NodeXL riceverà l'elenco degli *external link* e dei relativi *backlink*. A questo punto ci spostiamo di foglio e andiamo nel Foglio "*Vertices* – vertici, nodi" per gestire e tenere traccia delle informazioni riguardanti ogni singolo nodo della rete (*vertices*). Nella prima colonna abbiamo l'elenco di tutti i vertici(*url*) della nostra rete mentre le restanti colonne riguardano attributi che possiamo definire noi a piacimento.

Sicuramente la sezione che più interessa a Mark

è "*Graph Metrics*": la sezione che riporta i risultati derivanti dal calcolo degli indici di centralità e densità. Vediamo i principali indici.

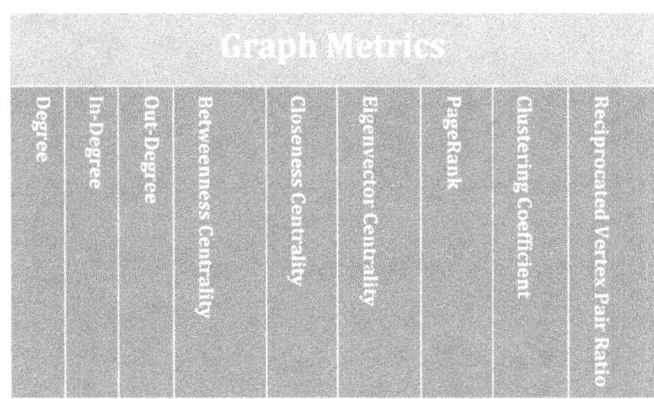

Mark chiede al sistema di calcolare i valori (*Autofill Columns*) ottenendo una tabella come segue:

Per ogni nodo il sistema NodeXL calcola gli indici di centralità ma non l'indice di densità che vedremo in seguito come calcolarlo. A questo punto, numericamente parlando, Mark è già in grado di identificare le 5 figure/ruoli chiave presenti nelle Reti Sociali:

Chi sono i nodi influenzatori: colonna *Eigenvector Centrality*: Mark riordina la colonna dal valore più grande al più piccolo. Più alto è il valore e più influente sarà il nodo.

Chi sono i nodi con maggiore autorità: colonna *In-Degree*: Mark riordina la colonna dal valore più grande al più piccolo. Più alto è il valore e maggiore è l'autorità del nodo.

Chi sono i nodi che cercano di influenzare la rete: sono detti soggetti influenzanti – i nodi che vogliono emergere, ossia coloro che tentano di far conoscere agli altri le proprie opinioni e che stanno lavorando per crescere di livello, nella rete sociale e che quindi è opportuno monitorare: Per trovarli, Mark agisce sulla colonna *Out-Degree*, riordinando la colonna dal valore più grande al più piccolo. Più alto è il valore, maggiore sarà l'autorità del nodo.

Chi sono i nodi "ancora": sono nodi capaci di mettere in contatto altri nodi che non sono fra loro collegati. Per trovarli, Mark agisce sulla colonna *Betweenness Centrality*, riordinando la colonna dal valore più grande al più piccolo. Più alto è il valore e maggiore sarà la capacità del nodo di essere fonte di collegamento.

Chi sono i nodi più virali: i nodi capaci di far girare l'informazione nella Rete Sociale più velocemente, per trovarli Mark agisce sulla colonna Colonna *Closeness Centrality*: riordina la colonna dal valore più grande al più piccolo. Più alto è il valore e maggiore sarà la capacità del nodo di trasmettere velocemente l'informazione in suo possesso a gran parte della Rete Sociale.

A questo punto Mark si costruisce anche la rappresentazione grafica, della rete sociale, che ben lo aiuta ad avere un'idea più chiara dei nodi più interessanti lato *Social Network Analysis*, ossia tutti quei nodi che ricoprono uno dei cinque ruoli previsti dalla SNA. Per questa attività, bisogna lavorare all'interno del foglio "*Groups* – gruppi" per identificare la presenza o meno di gruppi relazionali all'interno della Rete Sociale. Mark seleziona quindi, dal menu degli strumenti, il pulsante"*Analysis-Group*": seleziona una delle quattro tipologie di raggruppamento (in questo caso Mark utilizza *Connected Component*)e tramite il pulsante:"*Graph*", "*Refresh Graph*", fa comparire il *layout* della Rete Sociale derivante dall'analisi del *cluster3* mamma-bicicletta e proprio grazie all'analisi per gruppi, riesce anche a identificare graficamente, dei "sotto gruppi". Sotto lo schema che viene proposto: tramite l'uso di NodeXL sui *cluster* 2,3 e 5, il *software* identifica tre Gruppi: G1, G2 e G3, non collegati fra di loro.

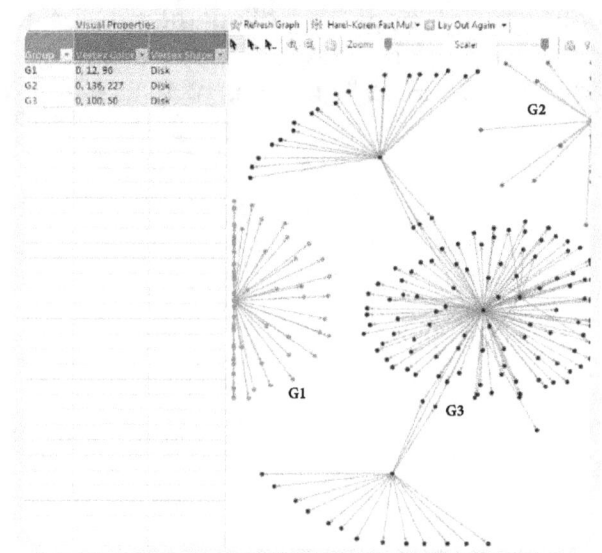

Questo significa che i nodi dei gruppi: G1, G2 e G3, non sono fra loro interconnessi. La figura proposta sopra è giustificata dal fatto che ogni gruppo rappresenta un *cluster*:

G1 = *cluster* mamma-bicicletta,
G2 = *cluster* figlia-celiachia;
G3 = *cluster* famiglia-pernottamento.

Sono tutti e tre *cluster* che non hanno nodi (*url*) in comune perché trattano argomenti diversi quindi, risultano gruppi assestanti.

Rappresentazione grafica delle figure chiave: Mark costruisce un grafo, contenente solo o per la maggiore parte, i nodi che hanno uno dei cinque ruoli di importanza per la *Social Network Analysis.* Anche in questo caso, NodeXL, viene in aiuto. Operativamente, bisogna calcolare gli indicatori presenti nel menù degli strumenti:"*Visual Properties*" – *Autofill Columns* dove, è possibile definire le grandezze, che permettono di visualizzare graficamente, il ruolo che ogni nodo ha all'interno della rete sociale in analisi.

Ecco lo schema che proponiamo di usare:

Chi sono i nodi influenzatori: basterà settare l'indicatore *Eigenvector Centrality in Vertex color.*

Chi sono i nodi con maggiore popolarità: basterà settare l'indicatore *In-Degree in Vertex shape.*

Quali sono i nodi più virali basterà settare l'indicatore *Closeness Centrality in Vertex size.*

Quali sono i nodi di collegamento: basterà settare l'indicatore *Betweenness Centrality in Vertex opacity.* Ecco il grafo che ne risulta:

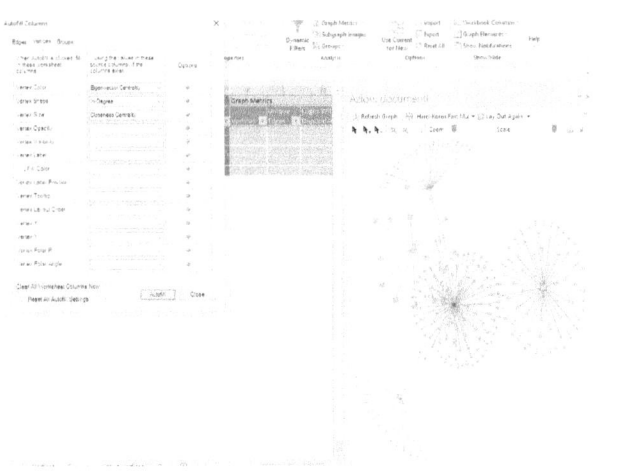

Nota: se il sistema non riesce a calcolare gli indici è necessario resettare il pannello tramite la cancellazione dei Gruppi creati all'interno del Foglio "Groups" e l'azione sul pulsante "Clear all worksheet columns now" e "Reset all Autofill Settings" nel pannello Autofill columns.

Studiamo quindi la rappresentazione grafica:

Vertex Color: In questo caso se il nodo è arancione indica che non si tratta di un influenzatore mentre se il nodo è viola abbiamo trovato il nostro influenzatore.

Il Gruppo 1 presenta un nodo catalogabile come influenzatore del solo Gruppo 1, andando nei dettagli del nodo Mark, potrà trovare l' *url.*

Vertex Shape: Il sistema consegna dei quadrati se l'indicatore *In-Degree > 0.* Possiamo così chiedere al sistema di indicare i nodi con maggiore autorità tramite una rappresentazione grafica a quadrato.

Vertex Size: Il sistema aumenta la dimensione

delle forme dei nodi a seconda del loro livello di "capacità virale".

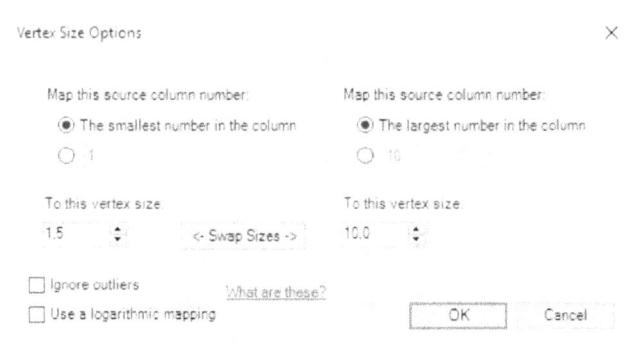

Per la visualizzazione grafica dei nodi ancora, ossia di quelli che godono di alta *Betweenness Centrality*, possiamo usare una delle tredici possibili personalizzazioni del Grafo, presente all'interno del pulsante *Autofill Columns*, nel menù degli strumenti di NodeXL.

I FILTRI

Un modo alternativo, per trovare queste cinque figure importanti per la SNA, è tramite l'utilizzo dei filtri. Basterà agire sul pulsante *"Dynamic Filter"* e settare il pannello. A questo punto, anche graficamente saremo in grado di identificare gli influenzatori della nostra Rete sociale. Tramite l'analisi del grafo creato, Mark è adesso in grado di identificare le 5 figure chiave della *Social Network Analysis* e può iniziare a elaborare una strategia di contatto.

Graph Metric
Graph Type
Vertices
Unique Edges
Edges With Duplicates
Total Edges
Self-Loops
Reciprocated Vertex Pair Ratio
Reciprocated Edge Ratio
Connected Components
Single-Vertex Connected Components
Maximum Vertices in a Connected Component
Maximum Edges in a Connected Component
Maximum Geodesic Distance (Diameter)
Average Geodesic Distance
Graph Density
Modularity
NodeXL Version

Mark si concentra adesso sul calcolo delle metriche

del grafo. Interrogherà il *software,* per ottenere una tabella di sintesi complessiva dei valori delle reti analizzate. Questo *report* è utile per comprendere il grafo nel suo complesso. Per fare questo, agisce sul bottone *"Analysis – Graph Metrics"*, all'interno del menù degli strumenti. Premendo *"Calculate Metrics"* il sistema consegna una tabella, come quella che segue, oltre ai relativi grafici. È proprio in questa tabella che viene calcolato l'indice di densità:*"Graph Density"*.

Per concludere, l'analisi proposta deve essere periodicamente verificata. Il punto di partenza sono i *target*: *target* diversi in base ai servizi/prodotti che si possono offrire. È dal monitoraggio continuo delle reti sociali, in cui si trovano i nostri *target* che potremo identificare soggetti che svolgono specifici ruoli, tra cui anche il ruolo di influenzatore. Seguirà quindi il contatto diretto con gli influenzatori per proporre una collaborazione. In alternativa l'azienda potrà pubblicare contenuti profilati nella Rete Sociale identificata. Per questa attività dovranno comunque essere sempre ben chiari e presenti gli obiettivi aziendali, così da garantire la massima coerenza nelle attività.

SOCIAL MEDIA E SNA: STRUMENTI
Fonte: elaborazione personale

Fino ad ora abbiamo trattato la *Social Network Analysis* in termini di indici e *software*. Inoltre abbiamo presentato un metodo pratico per l'analisi delle reti sociali, che vede i siti web come nodi. Tutto è stato spiegato rispetto a quella parte della *Social Network Analysis* che sfrutta i motori di ricerca, per sondare il web alla ricerca delle reti sociali tematiche. Le cose cambiano se ci troviamo a dover analizzare i *Social Media*. Andiamo quindi adesso a imparare come traslare le competenze di SNA acquisite sui principali Social Media Italiani come: Facebook, Twitter e Instagram. Si propone quindi una metodologia pratica che a grandi linee ricalca lo SNAP Model, ma con opportune modifiche rispetto al Social Media in esame. Per questa attività ci faremo aiutare da alcuni *tool online*. Oggi ne esistono diversi in grado di offrire supporto all'azienda per i più svariati obiettivi. Anche il costo varia. Ciò che rimane costante, per nostra fortuna, sono gli indicatori della SNA sempre indispensabili per scovare le 5 figure chiave.

TWITTER SOCIAL NETWORK ANALYSIS

Lo strumento che andiamo a utilizzare si chiama SocioViz(socioviz.net).

SOCIOVIZ: è un'associazione di promozione culturale costituita nel 2015 con l'obiettivo di promuovere la cultura del digitale in tutte le sue forme, in particolare mette a disposizione degli associati una piattaforma di Twitter Analytics in grado di estrarre conversazioni dal social newtork e di rappresentarle dinamicamente sotto forma di network di relazioni tra utenti e di compresenza tra hashtag. Reperibile *online*, Socioviz permette, a un costo contenuto, di scaricare dati da Twitter in formato .csv per poi rielaborabili con NodeXL, Gephi o altro *software* SNA. Richiede un account Twitter, attraverso cui Socioviz accede alle API del servizio di microblogging. Il pannello oggi prevede la possibilità di sondare Twitter tramite *query*, definire un *range* di date e la lingua di utilizzo: italiano o inglese. Vediamo più nel dettaglio lo strumento. In tabella sotto, è presentato come Socioviz chiede di costruire le *query* per interrogare Twitter:

Query	Trova tweets che contengono
made in Italy	"made" "in" "italy", madeinitaly, #madeinitaly
madeinitaly	madeinitaly, #madeinitaly
#madeinitaly	#madeinitaly
mariorossi	tweet che menzionano l'utente mariorossi
from:rossi	inviati dall'utente rossi

Vediamo come usare il *tool* per il nostro fine. Scegliamo di interrogare Twitter per la *query*: celiachia - con *range* di date dal 1/1/2016 al 1/3/2016, lingua italiana. Il sistema analizza Twitter e consegna i seguenti risultati:

324 Tweets, 107 Re-Tweets, 206 Users, 109HashTags

Una molte di dati che adesso dobbiamo analizzare. Anche in questo SocioViz ci viene in aiuto come segue:

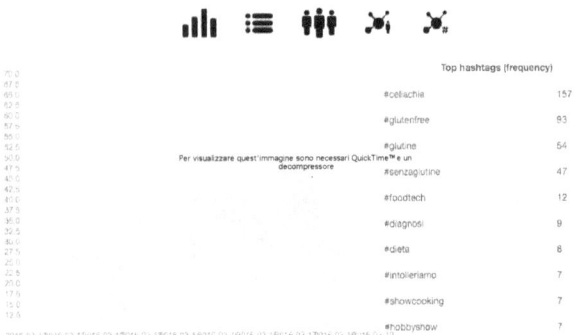

Il grafico disegna le tendenze di pubblicazione dei tweet che contengono il termine "celiachia" mentre a lato, troviamo i "Top Hashtag". In altre parole il sistema già propone un'analisi delle ricorrenze degli hashtag più citati. Come vedremo i seguito, gli *hashtag* stimano i loro bisogni, ovvero gli interessi delle presone.

La *keyword* "celiachia" su Twitter si espande in altri significati (top hashtag). Ad ogni keyword è collegata la sua frequenza di utilizzo. Scremando i top hashtag in base a un livello prefissato di frequenza, possiamo costruire il *keywork panel* ottimizzato per il *cluster* celiachia.

Top hashtags	(frequency)
#celiachia	157
#glutenfree	83
#glutine	54
#senzaglutine	47
#foodtech	12
#diagnosi	9
#dieta	8
#intolleriamo	7
#showcooking	7
#hobbyshow	7

Inoltre, come evidenziato dalla figura che segue, lo strumento mi consegna per ogni *keyword* ricercata, l'elenco di tutti i tweet che la contengono, organizzati per: id, nome utente, testo del tweet, chi ha menzionato e chi è stato menzionato, hashtag utilizzato/i. Un elenco scaricabile in formato excel, e utilizzabile come database in un qualsiasi *software* di analisi SNA.

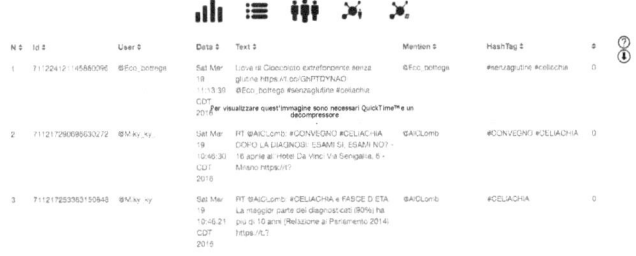

Rispetto alla *query,* il *tool* SocioViz rappresenta graficamente, in due schermate differenti, la rete sociale sia di persone sia di interessi rappresentando anche eventuali gruppi, attribuendo ai nodi dello stesso gruppo lo stesso colore.

Rete sociale di persone

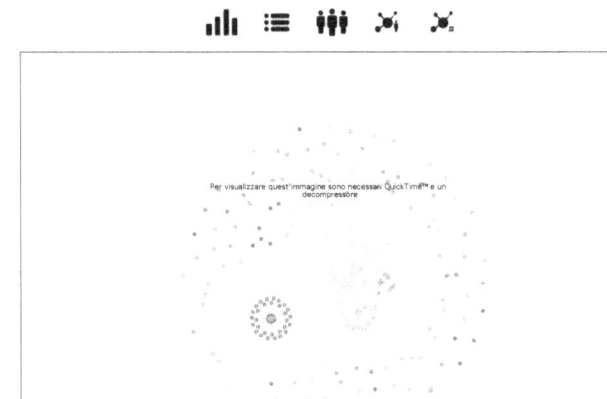

Rete sociale di interessi

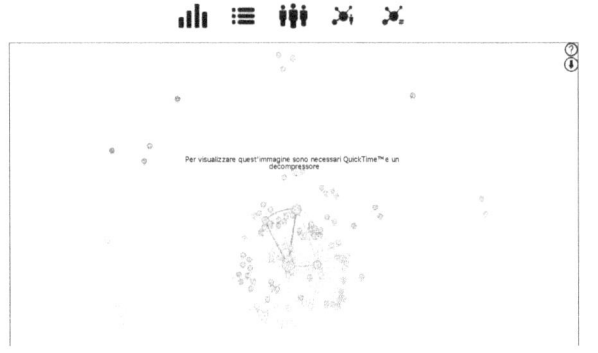

La rete sociale di interessi, si base sull'uso degli hashtag per identificare i temi trattati dagli utenti. Gli hashtag sono quindi una sintesi dei bisogni e/o degli interessi degli utenti. SocioViz permette di disegnare la Rete Sociale degli *hashtag*, che non è altro che la rete sociale degli interessi, ponendo al centro l'hashtag per il quale è stato interrogato Twitter (es. #celiachia). Attorno all'*hashtag* principale troveranno spazio tutte le connessioni: ogni *hashtag* è rappresentato da un cerchio (un nodo) collegato ad un altro hashtag, tramite una linea, in caso ci sia compresenza nello stesso tweet. Lo spessore della linea che collega due nodi è sinonimo di "*weight*" la linea è più spessa quanto più spesso c'è compresenza di due *hashtag* nei tweet. I diversi colori indicano diversi grappoli di argomenti che spesso sono trattati assieme.

Per l'analisi SNA su Twitter procediamo così:

1. Si parte da una *keyword* principale con cui sondare Twitter.

2. Si ottiene una lista di *Top hashtag* che formeranno la lista di *keyword* correlate alla principale.

3. Di tutti i top *hashtag* trovati, andiamo a scremare la lista in base a un livello di frequenza d'uso che riteniamo sia significativa per la nostra analisi. L'insieme degli *hashtag* così scremati, compone il *keyword panel* ottimizzato rispetto alla keyword principale.

4. Per ogni *keyword* ottimizzata, andiamo a scaricare da Twitter, tutti i tweet che citano la specifica *keyword*.

5. Rielaboriamo questo database in excel, per poi inserirlo in un *software* SNA.

6. Calcoliamo gli indici SNA.

7. Disegnamo sia la rete di persone sia la rete di interessi.

Da questo punto in poi, abbiamo già spiegato tutto ciò che c'è da sapere per procedere con l'analisi SNA. Abbiamo però introdotto il tema, che argomenteremo nei prossimi capitoli, della rete sociale di interessi. Questa è la rappresentazione degli interessi correlati alla *keyword* principale. Analizzando questa tipologia di rete, si possono capire i principali argomenti di discussione trattati da parte degli utenti all'interno di Twitter, correlati alla *keyword* principale di ricerca. È proprio questa la tipologia di rete sociale che risponde alla domanda:"Cosa si dice nei Social attorno a una specifica tematica?".

Un altro strumento interessante per lavorare su Twitter è *Twitter Archive,* disponibile gratuitamente online. Questo *tool* sfrutta le API di Twitter e i fogli in Excel resi disponibili da Google per scaricare rapidamente liste di tweet tematici. Lasciamo al lettore l'approfondimento.

FACEBOOK SOCIAL NETWORK ANALYSIS

È possibile analizzare Facebook tramite l'applicazione Netvizz: un'applicazione di Facebook, creata da Brrnhard Rieder, molto utile perché capace di elaborare i dati di intere pagine/community/gruppi aperti.

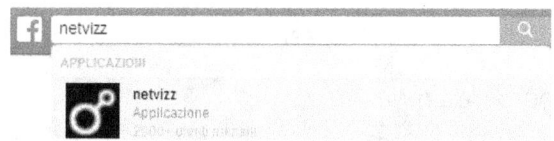

Netvizz è in grado di estrarre tutti i dati che servono per poi procedere con un'analisi SNA. Inoltre è in grado di consegnare un file .gdf, che può essere elaborato da Gephi. Scopriamo cosa è possibile studiare attraverso l'uso di questo strumento. Nello specifico, tramite Netvizz possiamo analizzare 5 ambiti: gruppi, pagine, *like*, ricerche e *link tracking*.

Group data: possiamo chiedere al *tool* di analizzare ciò che accade all'interno di un qualsiasi gruppo pubblico di Facebook. In questo caso la restrizione è sui gruppi chiusi, nei quali il *tool* non riesce a raccogliere i dati.

Page data: possiamo chiedere al *tool* di analizzare quello che accade all'interno di una pagina pubblica di Facebook.

Page Like network: possiamo chiedere al *tool* di analizzare i *like* all'interno di una pagina pubblica di Facebook.

Search: possiamo chiedere al *tool* di analizzare la rete Facebook per reperire dove viene citata una specifica *keyword*.

Link stat: lo strumento è capace di indicare come e dove è stato condiviso uno specifico *link*.

INSTAGRAM SOCIAL NETWORK ANALYSIS

Anche per Instagram possiamo utilizzare un *tool* molto interessante e completamente libero, capace di consegnarci un file da utilizzare in Gephi. Il *tool* in questione è: Instagram Hashtag Explorer, ed è disponibile al seguente *link*: https://tools.digitalmethods.net/netvizz/instagram/ Tramite questo *tool* è possibile:

1. Ricercare un *hashtag*;

2. Ricercare i post provenienti da una specifica area geografica;

3. Ricercare informazioni di specifici utenti.

Vediamo adesso, attraverso un esempio pratico, come è possibile utilizzare i Social Media con un fine di assistenza alla persona:"La geolocalizzazione a supporto delle popolazioni".

Nel 2016 i titoli dei maggiori giornali internazionali davano la notizia di cosa stava accadendo, a pochi chilometri dai confini italiani, a migliaia di famiglie di richiedenti asilo provenienti dal Medio Oriente: le fontiere europee stavano chiudendo e ad aprile 2016 anche la Macedonia chiuse le sue frontiere. Ai confini tra Grecia e Macedonia migliaia di rifugiati si trovarono bloccati, costretti a vivere nel fango.

Si propongono alcuni scatti provenienti dalla cittadina Macedone di Idomeni.

Con Instagram Hashtag Explorer è possibile geolocalizzare la ricerca degli #*hashtag*, andando a verificare se in una data zona geografica (Idomeni +3km) esiste una relazione collegata al nostro termine di ricerca #refugees, #refugeecrisis. Scopriamo che il termine "*refugees*" è utilizzato proprio in quella zona e che gli utenti stanno

scrivendo, non solo per mostrare le condizioni di estremo disagio, ma anche per chiedere supporto per: informazioni, ricovero, assistenza medica e altro.

Scopriamo quindi come l'utilizzo "intelligente" dei *Social Media* e delle relative tecniche di SNA geolocalizzate, possa dare supporto alle popolazioni in situazioni critiche: profughi, calamità naturali, attacchi terroristici...

COME PREDISPORRE UN FILE CHE POSSA ESSERE LETTO DAI SOFTWARE SNA
Fonte: elaborazione personale

Alcuni *tool* che utilizziamo per la raccolta dei dati web, consegnano file in formato apribile dai *software* SNA, ma non sempre è così. Dobbiamo quindi capire come preparare un file che poi può essere letto da Gephi o da altri *software*.

La maggior parte dei *software* è in grado di lavorare con un file .csv . Il nostro obiettivo è quindi quello di avere un file in formato .csv con le seguenti caratteristiche (in caso di estrapolazione dati da Twitter):

FILE PER I NODI

Il file .csv deve contenere le due colonne: ID e Label. Se vogliamo costruire una rete di persone, ogni nodo rappresenta il nome dell'autore del tweet mentre, se vogliamo costruire una rete di interessi, ogni nodo rappresenta un'hashtag. Nel caso in tabella sotto, ogni nodo è l 'autore di un tweet.

ID	Label
@Kamelabdellaoui	@Kamelabdellaoui
@Italia_Notizie	@Italia_Notizie
@vostSPAIN	@vostSPAIN
@VOSTeurope	@VOSTeurope
@_MargauxLalau	@_MargauxLalau
@IDELUX_AIVE	@IDELUX_AIVE
@enrichic	@enrichic
@floutinou	@floutinou
@elsaatana	@elsaatana
@laurie_anne88	@laurie_anne88

Nota: in caso di nodi che si ripetono, li andremo ad elencare in colonna più volte.

Se chiediamo a Gephi di aprire un file così formato, ci restituirà un Grafo costituito dall'insieme dei nodi, senza considerare alcuna relazione fra i nodi.

FILE PER LE RELAZIONI

Il file .csv deve contenere le seguenti cinque colonne: Source, Target, Type, ID, Weight.

Source	Target	Type	ID	Weight
@Kamelabdellaoui	@ConsulFranceBel	Undirect	1	1
@Italia_Notizie	@Italia_Notizie	Undirect	2	1
@vostSPAIN	@IDELUX_AIVE	Undirect	3	1
@VOSTeurope	@enrichic	Undirect	4	1
@_MargauxLalau	@floutinou	Undirect	5	1
@IDELUX_AIVE	@IDELUX_AIVE	Undirect	6	1
@enrichic	@enrichic	Undirect	7	1
@floutinou	@floutinou	Undirect	8	1
@elsaatana	@elsaatana	Undirect	9	1
@laurie_anne88	@laurie_anne88	Undirect	10	1

1. Source: inserisco i nodi che linkano;

2. Target: inserisco i nodi che sono linkati;

3. Type: specifico se la relazione è diretta o indiretta (direct, indirect);

4. ID: numero identificativo crescente;

5. Weight: intensità della relazione rappresenta quante volte si presenta la stessa relazione fra due nodi.

Nota: la freccia viene scoccata dal nodo *source* per colpire il nodo *target*. Se dal nodo *source* scoccano due frecce per il nodo *target*, il *weight* sarà pari a 2.

Facciamo un esempio pratico con Twitter, interrogandolo per l'analisi dell'*hashtag* #bruxelles durante l'attentato dello marzo 2016. In pochi minuti migliaia di tweet. Prendiamone uno:

@Kamelabdellaoui 2016-03-22 04:18:31 RT @ConsulFranceBel: Nous ouvrons une cellule de crise : 02 548 88 80, 02 548 88 81, 02 548 88 85, 02 548 88 86 #Bruxelles #Zaventem

Analizziamo il tweet: l'utente @Kamelabdellaoui, Retwitta(RT) il tweet di @ConsulFranceBel. Inoltre nel testo del tweet sono presenti due hashtag: #Bruxelles e #Zaventem.

Costruiamo il file in formato .csv adatto per essere poi aperto da un qualsiasi software SNA. Iniziamo a costruire prima il file per la rete di persone e poi quello che servirà per creare la rete sociale di interessi.

RETE DI PERSONE: FILE PER I NODI

Il file .csv deve contenere le colonne: ID e Label. Andiamo a inserire nelle due colonne il nodo: @Kamelabdellaoui e il nodo @ConsulFranceBel

ID	Label
@Kamelabdellaoui	@Kamelabdellaoui
@ConsulFranceBel	@ConsulFranceBel

RETE DI PERSONE: FILE PER LE RELAZIONI

Il file .csv deve contenere ben cinque colonne grazie alle quali posso rappresentare la relazione che intercorre fra i due nodi @Kamelabdellaoui e @ConsulFranceBel. In questo caso la relazione porta @Kamelabdellaoui a linkare @ConsulFranceBel ed è una relazione che si attua solamente una volta, quindi con weight = 1. Salviamo il file in .csv e lo carichiamo in un software di SNA.

RETI DI INTERESSI: HASHTAG E L'ANALISI DELLE RICORRENZE

Vediamo come ragionare invece per gli #*hashtag*. L'analisi delle ricorrenze e delle relazioni, è utile a capire quale *hashtag* utilizzare quando si scrivono tweet oltre a garantire un monitoring sulle tematiche della conversazioni che si stanno svolgendo sul social.

Ritorniamo allo stesso tweet: *@Kamelabdellaoui 2016-03-22 04:18:31 RT @ConsulFranceBel: Nous ouvrons une cellule de crise : 02 548 88 80, 02 548 88 81, 02 548 88 85, 02 548 88 86 #Bruxelles #Zaventem*

In questo caso quello che ci interessa per l'analisi sono gli *hashtag*: #Bruxelles #Zaventem.

FILE PER I NODI

Il file .csv deve contenere le seguenti colonne ID e Label, dove nella colonna ID e Label compariranno: #*Bruxelles* e #*Zaventem*

FILE PER LE RELAZIONI

Il file .csv deve contenere le seguenti colonne: Source, Target, Type, ID, Weight

Source	Target	Type	ID	Weight
#Bruxelles	#Zaventem	Undirect	1	1

Ecco il fils .csv pronto per essere elaborato da un software SNA.

Concettualmente, dobbiamo analizzare queste "frasi di hashtag" come se fossero dei blocchi. <u>Prima relazione:</u>

#1→#2→#3

Ecco come deve essere costruita la tabella delle relazioni:

source1= #1
target1=#2

Questo significa che l'hashtag1 "linka" l'hashtag2. Quindi la freccia viene scoccata dal nodo #1 verso il nodo #2.

<u>Seconda relazione:</u>

source2=#2
target2=#3

Questo significa che l'hashtag2 linka l'hashtag3. Quindi la freccia viene scoccata dal nodo #2 e colpisce il nodo #3.

La tabella complessiva delle relazioni risulta così costruita:

Source	Target	Type	ID	Weight
#1	#2	Undirect	1	1
#2	#3	Undirect	1	1

Supponiamo di avere questa relazione di hashtag:

#1→#2→#3→#1→#2

Troviamo che per ben due volte è presente la relazione **#1→#2.** Possiamo quindi considerare per la sola relazione: source1= #1 e target1=#2 un weight = 2.

Se abbiamo capito quanto sopra, possiamo gestire un elenco di hashtag corposo. Faccio riferimento alla seguente lista di tweet da cui sono stati estrapolati i soli #hashtag.

1 #Zaventem #bruxelles
2#Paris #Zaventem #Brussels #Brussel #Bruxelles
3 #Paris #Zaventem #Brussels #Brussel #Bruxelles
4 #BruxellesMaBelle #Bruxelles #Zaventem #PrayForBelgium #tousensemble #Belgique
5 #AndreAdam #Bruxelles #zaventem
6 #zaventem #Bruxelles
7 #AndreAdam #Bruxelles #zaventem
8 #Bruxelles #zaventem #padamalgam
9 #Zaventem #Bruxelles
10 #Zaventem #Bruxelles
11 #Daech #Bruxelles #Zaventem #Maelbeek #SalahAbdeslam #RedaKriket #Schaerbeek
12 #Bruxelles #Zaventem
13 #Bruxelles #zaventem #padamalgam
14 #Zaventem
15 #Bruxelles #zaventem #padamalgam
16 #Bruxelles #zaventem #padamalgam

Ecco come procedere se vogliamo analizzare le relazioni che intercorrono fra #zaventem e gli altri #hashtag: si procederà da #Zaventen in avanti, in questo modo troviamo che in colonna source ci sarà sempre come hashtag: #Zaventem e il target sarà l'hashtag "più confinante".

1 #Zaventem #bruxelles
2 #Zaventem #Brussels #Brussel #Bruxelles
3 #Zaventem #Brussels #Brussel #Bruxelles 4#Zaventem #PrayForBelgium #tousensemble #Belgique
5 no relazioni
6 #zaventem #Bruxelles
7 no relazioni
8 #zaventem #padamalgam
9 #Zaventem #Bruxelles
10 #Zaventem #Bruxelles
11 #Zaventem #Maelbeek #SalahAbdeslam #RedaKriket #Schaerbeek
12 no relazioni
13 #zaventem #padamalgam
14 #Zaventem
15 #zaventem #padamalgam
16 #zaventem #padamalgam

Ecco come costruire il file .csv per le RELAZIONI

Source	Target	Type	Id	Label	Interval	Weight
zaventem	belgique	Undirected	40826			1.0
zaventem	brussel	Undirected	40828			2.0
zaventem	brussels	Undirected	40829			2.0
zaventem	bruxelles	Undirected	40829			15.0
zaventem	maelbeek	Undirected	40824			1.0
zaventem	padamalgam	Undirected	40833			4.0
zaventem	prayforbelgium	Undirected	40830			1.0
zaventem	redakriket	Undirected	40835			1.0
zaventem	salahabdeslam	Undirected	40832			1.0
zaventem	schaerbeek	Undirected	40827			1.0
zaventem	tousensemble	Undirected	40831			1.0

Dalla tabella vediamo che la relazione tra #Zaventem e #bruxelles ha un "weight" pari a 15. Questo significa che i due *hashtag* sono entrati in relazione fra di loro all'interno dei tweet per ben 15 volte sempre con *Source* = #Zaventem e *Target* = #bruxelles.

Ecco come procedere, da #Zaventem in dietro. In questo modo avremo nella colonna *target* sempre come *hashtag*: #Zaventem, ma varierà l'*hashtag* inserito in "*Source*":

2 #Paris **#Zaventem** #Brussels #Brussel #Bruxelles
3 #Paris **#Zaventem** #Brussels #Brussel #Bruxelles
4 #BruxellesMaBelle #Bruxelles **#Zaventem** #PrayForBelgium #tousensemble #Belgique
5 #AndreAdam #Bruxelles **#zaventem**
7 #AndreAdam #Bruxelles **#zaventem**
8 #Bruxelles **#zaventem** #padamalgam
11 #Daech #Bruxelles **#Zaventem** #Maelbeek #SalahAbdeslam #RedaKriket #Schaerbeek
12 #Bruxelles **#Zaventem**
13 #Bruxelles **#zaventem** #padamalgam
15 #Bruxelles **#zaventem** #padamalgam
16 #Bruxelles **#zaventem** #padamalgam

Ecco la tabella che ne risulta:

Source	Target	Type	Id	Label	Interval	Weight
paris	zaventem	Undirected	40828			1.0
daech	zaventem	Undirected	41718			1.0
bruxellesmabelle	zaventem	Undirected	41221			1.0
andreadam	zaventem	Undirected	41741			2.0

Anche in questo caso, salviamo il file .csv e lo importiamo in un *software* SNA per procedere alla creazione e all'analisi della Rete Sociale degli *hashtag*, detta rete di interessi,

SOCIAL NETWORK ANALYSIS E SNA: CASO PRATICO
Fonte: elaborazione personale

Lavoriamo come blogger, presso una rivista online che tratta la tematica "*food*". Ci viene richiesto, dalla redazione, di scrivere un pezzo che possa essere di interesse sia per la redazione che per i lettori del sito. Ci viene inoltre richiesto di individuare, rispetto alla tematica che tratteremo, tutte e cinque le figure chiave previste dalla Social Network Analysis.

Due sono i luoghi online da studiare per i nostri fini: la rete internet e i social media. Per entrambi possiamo usare il metodo procedurale dello SNAP Model. Iniziamo con l'analisi del web e, come previsto dalla prima fase dello SNAP model, identifichiamo come mercato di riferimento l'Italia.

Successivamente, scendiamo nelle altre fasi del modello per poi passare ad analizzare i Social Media.

Di cosa parlerà il nostro articolo? Qual è la keyword centrale da cui partire per costruire il keyword panel?".

Studiamo l'occorrenza delle parole chiave, all'interno dei testi presenti nel portale web della testata. Il termine che compare più frequentemente è indicativo della tematica trattata nel sito. Per questa attività, ci facciamo aiutare da un *tool* in grado di creare una grafica detta nuvola di parole:"*word cloud*".

Fonte: http://www.tagxedo.com/

Fra tutti i termini rappresentati dalla *"word cloud"*, decidiamo di lavorare sul solo termine"Nutrizione", che studieremo con l'ausilio degli strumenti che i Motori di Ricerca Google.it, Yahoo.it e Bing.it, mettono a disposizione. Ne risulterà un ricco elenco di parole chiave da ottimizzare. A tal fine l'elenco sarà riorganizzato riordinando le parole chiave in base a un punteggio complessivo che considera la media di tre livelli di importanza: per l'azienda, per l'utente e per i motori di ricerca. Questo *panel* di *keyword* risultante rappresenterà i termini correlati al termine "nutrizione" più ricercati nella rete internet, in un determinato arco temporale. Fatto questo, scremeremo la lista salvando le parole chiave che avranno un valore minimo, del complessivo livello di importanza. Ecco il *keyword panel* ottimizzato che ne risulta:

KEYWORD
salute
nutrigenomics
nutrizione
salute psicofisica
longevità
salute e benessere
nutrigenomica
salute alimentare
salute benessere alimentazione
nutrizione parenterale

Questo *panel* di parole chiave risponde alla domanda:"Quando si parla di nutrizione online, di cosa si scrive?". Possiamo considerare questo elenco come l'insieme dei "bisogni" degli utenti *online* collegati al termine "nutrizione". Se vogliamo procedere con la medesima analisi anche per i *Social Media*, dobbiamo adattare il nostro elenco, appena trovato, tramite l'interrogazione sui motori di ricerca interni ai *Social*. In questo modo andremo a verificare quali termini il popolo dei *social,* per esempio Twitter, utilizza maggiormente.

In questo modo risponderemo alla domanda:"Quando si parla di nutrizione, nel *Social Twitter*, di cosa si parla?".

E' chiaro che si tratta di una stima ma spesso, se l'analisi è ripetuta in momenti diversi, è comunque capace di scovare dei *trend* interessanti. Ecco come risulta il Social keyword panel su Twitter, interrogato per la chiave inerente il termine "nutrizione" e già scremato in base ai tre livelli di importanza (*keyword panel* ottimizzato).

label	weight
salute	731
startup	145
sicurezza	71
benessere	68
ricercaperlasalute	68
safeday	65
ricerca	65
alimentazione	51
food	47
healthtech	43
lavoro	40
lacura	35
ils16	34
societing	31

La scelta di Twitter per questa analisi non è casuale: per come è strutturato, possiamo vedere questo Social come un flusso continuo di messaggi (tweet) che ben stima il "che cosa si sta dicendo" online, relativamente ad una specifica *keyword*.

È quindi importante continuare ad aggiornare periodicamente la lista dei tweet per adattare la tabella rappresentando gli interessi "dinamici", degli utenti.

A questo punto abbiamo identificato i termini correlati alla keyword "nutrizione": i bisogni ossia le tematiche da scegliere per scrivere il nostro post. Rimane da identificare chi sta già trattando questi temi *online* e individuare chi tra loro ricopre i 5 ruoli previsti dalla SNA.

Una volta trovato il *keyword panel* ottimizzato, la *Social Network Analysis* ci viene in aiuto, tramite l'identificazione dei gruppi di utenti che presentano lo stesso interesse (bisogno) e che quindi trattano la stessa *keyword*. Procediamo studiando la rete di interessi tramite l'analisi degli *hashtag*. Ogni *hashtag* identifica un gruppo cioè un luogo popolato da utenti che trattano la stessa tematica, quindi con lo stesso interesse, rappresentativo di un bisogno. Nel marketing, un insieme di persone con lo stesso bisogno, viene chiamato segmento.

Chiediamo al *software SNA* di colorare di ugual colore tutti gli utenti che trattano il medesimo *hashtag*, creando così dei gruppi tematici "colorati".

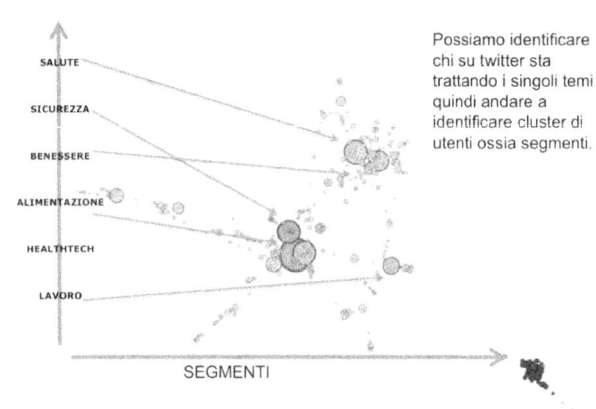

QUALI SONO GLI UTENTI CHE STANNO TRATTANDO QUESTI TEMI?
...A CACCIA DEI SEGMENTI!

Possiamo identificare chi su twitter sta trattando i singoli temi quindi andare a identificare cluster di utenti ossia segmenti.

Rimangono da identificare gli abitanti dei diversi gruppi. Abbiamo l'archivio di tutti i tweet trattanti le *keyword* identificate e, tramite i filtri, adatteremo il nostro database alle nostre esigenze.

Vediamo il caso del gruppo "salute". Nella figura sotto, abbiamo adattato il database inserendo un filtro "salute" sia all'interno del testo dei tweet che sulla colonna *hashtag*:

Possiamo avere tutti i dettagli degli utenti che stanno trattando i temi da noi
selezionati e filtrare il database in base ai nostri obiettivi di ricerca.

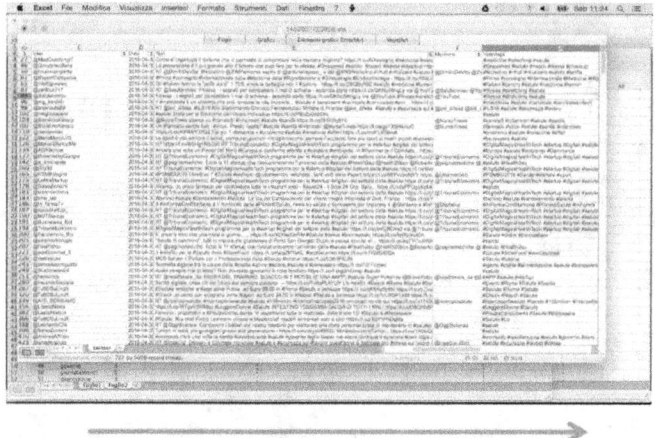

SEGMENTI

In questo modo identifichiamo tutti i nomi degli
utenti che stanno trattando la tematica "salute".

A questo punto, avendo a disposizione l'insieme
dei tweet, possiamo inserire il database .csv, in
un *software* SNA e assegnare ad ogni utente uno
dei cinque ruoli previsti dalla SNA, capendo chi
contattare e che tipo di relazione richiedergli. Per
questa attività, consigliamo di usare Gepghi.

In conclusione, il punto di partenza è sempre lo
SNAP Model che per il caso dei Social Media deve
essere opportunamente adattato.

Siamo partiti dall'analisi delle ricorrenze delle
parole tra le pagine web della nostra testata: tramite
il disegno di una *word cloud* abbiamo ottenuto uno
schema che a colpo d'occhio è in grado di indicarci
i termini maggiormente trattati da parte della
testata. Dopodiché, abbiamo scelto una *keyword*
sulla quale ci sentiamo più competenti e abbiamo
verificato cosa gli utenti dicono rispetto a questa
parola, sia sulla rete internet sia nei Social Media.
Tutto questo tramite l'analisi delle *keyword* per il
web e l'analisi di *keyword* e *hashtag* per il mondo
social. Per le *keyword* identificate, tramite lo scarico
da un lato dei portali trattanti e dall'altro delle liste
dei contenuti social, siamo andati ad identificare i
gruppi, ossia le Reti Sociali create attorno al tema
e scovato chi ricopre uno dei cinque ruoli previsti
dalla SNA.

A questo punto non ci resta che scrivere il pezzo sul
tema individuato e condividerlo con le cinque figure
SNA, tra cui compariranno anche gli influenzatori.

SOCIAL NETWORK ANALYSIS
COME TROVARE E INFLUENZARE I TUOI CLIENTI

CAPITOLO 5

SEGMENTAZIONE CON LA SNA

- SEGMENTAZIONE E SNA
- SEGMENTAZIONE E SNA: CASO PRATICO

SEGMENTAZIONE E SNA
Fonte: J. Lambin, Market-Driven Management, 2005, McGraw-Hill | elaborazione personale

Fino ad ora abbiamo guardato alla SNA, come ad un metodo per identificare gli influenzatori. Ma possiamo fare molto di più: possiamo sfruttare le tecniche SNA per realizzare la tanto difficile segmentazione del mercato. In marketing con il termine "segmento" si indica un insieme di persone con lo stesso bisogno. Sapere come segmentare un mercato è uno dei requisiti più importanti per un'impresa. La segmentazione definisce infatti il campo di attività dell'impresa, guida lo sviluppo della strategia e determina la tipologia di competenze necessarie nell'unità di business. Il processo di segmentazione strategica si compone di quattro fasi. La prima fase è costituita dall'analisi di segmentazione, ossia la suddivisione dei prodotti-mercati in gruppi di potenziali acquirenti, aventi le stesse aspettative o richieste o bisogni. Questa analisi è a sua volta suddivisa in due momenti che corrispondono a diversi livelli della disgregazione del mercato totale. Innanzitutto c'è la macro segmentazione che mira all'identificazione dei prodotti-mercati quindi la micro segmentazione che distingue i segmenti di clienti all'interno di ciascun prodotto-mercato preso in esame. Esistono quattro metodi per applicare la micro segmentazione:

1. La segmentazione descrittiva: basata sulle caratteristiche socio demografiche del consumatore;

2. La segmentazione in base ai benefici perseguiti: considera la categoria del prodotto e il sistema di valori dell'individuo;

3. La segmentazione in base allo stile di vita: basata sulle caratteristiche socio-culturali del cliente;

4. La segmentazione comportamentale: classifica i clienti a seconda del loro comportamento d'acquisto.

La seconda fase del processo di segmentazione riguarda l'individuazione del mercato target e la selezione di uno o più segmenti a cui rivolgersi. La terza fase consiste nel posizionamento d'impresa nel mercato: ovvero come l'impresa intende essere percepita dal potenziale cliente, in base alle qualità distintive del prodotto e alle posizioni già occupate dai concorrenti. La quarta fase, infine, prevede la programmazione del marketing mirato ai segmenti target attraverso piani di marketing operativi per conquistare il posizionamento desiderato nei segmenti target.

Se ci poniamo come obiettivo identificare i luoghi online in cui si trovano i clienti d'impresa di fatto, stiamo realizzando la segmentazione del mercato, ossia la disgregazione in sottoinsiemi omogenei dal punto di vista degli interessi, delle aspettative e dei comportamenti d'acquisto.

Come procedere quindi per identificare il/i mercato/i target d'impresa online?

Anche nel web si creano dei cluster per ogni interesse condiviso, ossia luoghi virtuali abitati da persone che trattano uno specifico tema. Di seguito proponiamo, per identificare i segmenti target il **Modello a Cinque Punte**:

Punta1: Mission Aziendale;

Punta2: Il mercato di riferimento: macro segmentazione;

Punta3: Micro segmentazione;

Punta4: Identificazione dei segmenti target;

Punta5: SNA Analisi.

Andiamo a studiare tutte e cinque la fasi del Modello:

1°Punta: la domanda a cui rispondere è:"Qual è la missione d'impresa?" Cosa l'azienda si propone di fare a favore del cliente, quale bisogno si propone di soddisfare?

2°Punta: identificazione del mercato di riferimento. Ci viene in aiuto uno studio degli anni '80 di Derek Abell:"È necessario definire il mercato di riferimento dal punto di vista del cliente. Questo mercato si può definire in base a tre dimensioni: i clienti o chi occorre soddisfare; le tecnologie utilizzate per soddisfare i bisogni, cioè il modo in cui i bisogni vengono soddisfatti e l'elenco dei bisogni dei clienti".

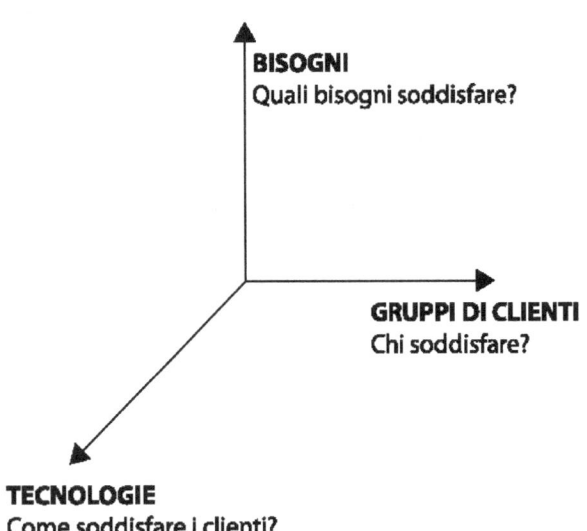

BISOGNI
Quali bisogni soddisfare?

GRUPPI DI CLIENTI
Chi soddisfare?

TECNOLOGIE
Come soddisfare i clienti?

È necessario adattare la teoria di Abell per averne un'applicazione web cercando di capire chi può essere il nostro cliente, online. Il diagramma del modello di Abell prevede un grafico a tre assi:

1. Asse y: bisogni dei clienti.
2. Asse x: segmenti.
3. Asse z: offerta aziendale.

Le domande che l'azienda deve porsi sono tre:

Asse y) IDENTIFICAZIONE DEI BISOGNI
Quali sono i bisogni dei clienti?

Asse x) IDENTIFICAZIONE DEI SEGMENTI
È possibile identificare dei gruppi di clienti con i medesimi bisogni?

Asse z) IDENTIFICAZIONE DELL'OFFERTA AZIENDALE
Come soddisfare i segmenti *target* selezionati?

Una volta identificate le tre variabili di segmentazione (asse x, y, z) bisogna identificare le combinazioni pertinenti e costruire una griglia di macro segmentazione, in cui organizzare i bisogni identificati, le tecnologie proposte per risolvere i bisogni, le specifiche dei segmenti clienti.

In tabella sotto, ad esempio, abbiamo identificato 4 segmenti diversi, così descritti:

BISOGNI	#salute	#lavoro	#bellezza	#alimentazione
TECNOLOGIE	#pastiglie	#vacanze	#creme	#cibo
CLIENTI	#medici	#lavoratori	#studenti	#casalinghe
SEGMENTI	Segmento 1	Segmento 2	Segmento 3	Segmento 4

Segmento1: abitato da medici, interessati alla tematica salute (bisogno) ai quali l'azienda intende proporre la tecnologia "pastiglie".

Segmento2: abitato da lavoratori, interessati alla tematica lavoro (bisogno) ai quali l'azienda intende proporre la tecnologia "vacanze".

Segmento3: abitato da studenti, interessati alla tematica bellezza (bisogno) ai quali l'azienda intende proporre la tecnologia "creme".

Segmento4: abitato da casalinghe, interessate alla tematica alimentazione (bisogno) ai quali l'azienda intende proporre la tecnologia "cibo".

3°Punta: a questo punto l'analisi deve scendere più nel dettaglio per ottenere uno spaccato preciso dei clienti identificati dalla macro segmentazione. Si procede quindi con l'analisi della micro segmentazione. Obiettivo della micro-segmentazione è l'analisi della diversità delle richieste, dei diversi macro-gruppi di clienti identificati (segmenti). Ad esempio, tramite la micro-segmentazione troviamo all'interno del gruppo clienti "lavoratori", gruppi più specifici che possono essere soddisfatti dalla stessa offerta aziendale, ossia identifichiamo i segmenti.

La micro-segmentazione è un'attività di analisi che studia la struttura generale del segmento *target* identificato e richiede di avere a disposizione un ampio database. Vediamo qui sotto un esempio di analisi di micro-segmentazione per il segmento S3.

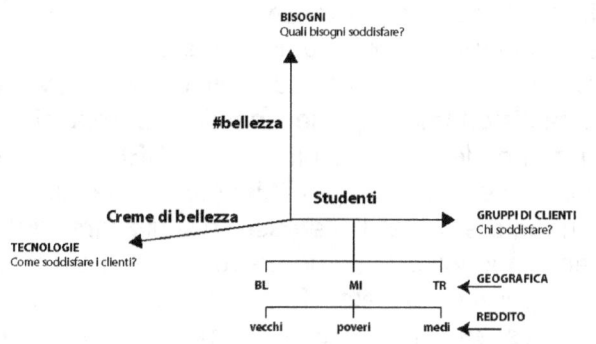

4°Punta: i segmenti identificati devono rappresentare *cluster* di clienti capaci di far realizzare fatturato sufficiente all'impresa ed essere accessibili all'impresa stessa.

A tal fine il diagramma di Abbell adattato, propone la seguente tabella di analisi da utilizzare per valutare l'attrattività/accessibilità di tutti i segmenti identificati.

SEGMENTI	Caratteristiche del segmento in base all'analisi di microsegmentazione	Caratteristiche del segmento in base all'analisi di microsegmentazione	Caratteristiche del segmento in base all'analisi di microsegmentazione	Caratteristiche del segmento in base all'analisi di microsegmentazione
Fattori critici e di successo del marketing mix	PREZZO 4 PRODOTTI 4 DISTRIBUTORI 4 COMUNICAZIONE 4	3 3 3 3	2 2 2 2	1 1 1 1
Dimensioni del mercato	3 milioni euro	7 milioni euro	500.000 euro	1 milione euro
Quota di mercato	7 %	40 %	0 %	20 %
Concorrenza	Forte	Forte	Media	Bassa
Influenza nel processo d'acquisto degli influenzatori	Forte	Forte	Media	Bassa
Tipologia di rischio percepito	Funzionale	Finanziario	Sociale	Fisico

5°Punta: l'utilizzo della tabella di analisi sarà molto utile per decidere su quali segmenti operare, anche con le tecniche SNA che non saranno applicate su tutti i segmenti ma solo sui segmenti *target*. La tabella aiuterà a organizzare i dati per poi strutturare un piano di marketing operativo che se il segmento lo prevede, utilizzerà le tecniche dell'Influencer marketing per mettere in pratica il "**Comb Model**" sui soli segmenti target.

SEGMENTAZIONE E SNA: CASO PRATICO
Fonte: elaborazione personale

Applichiamo quanto descritto nel capitolo precedente a un esempio pratico. Lavoriamo come consulenti di marketing per un'azienda del settore "*food*" che ci chiede di identificare e studiare il suo mercato di riferimento *online*, comprendere i bisogni delle persone e in che modo l'impresa potrà soddisfarli.

Il punto di partenza è il Modello a Cinque Punti presentato nel capitolo precedente. Ecco l'applicazione pratica.

Fase1: Mission Aziendale: dobbiamo racchiudere il *core business* aziendale in una singola **parola chiave**.

Fonte: http://www.tagxedo.com/

Un'attività non facile, perché richiede di sintetizzare tutto ciò che fa e proporre l'impresa in un solo termine. Possiamo però anche utilizzare l'analisi dell'**occorrenza della parola** all'interno dei testi già predisposti dall'impresa ad esempio il profilo aziendale o testi all'interno del sito web. Utilizziamo il "***word cloud***" per identificare il singolo termine più citato. Dalla nuvola notiamo che il termine "alimentazione" è il più ripetuto e quindi significativo per l'impresa. Decidiamo quindi di usare "alimentazione" come parola chiave principale per dare il nome al *cluster* con al suo interno ulteriori parole chiave collegate al termine alimentazione e presenti in *word cloud*: Alimentazione, Dieta, Ricette, Nutrizionale, Longevità, Food, Abitudini alimentari.

Questo cluster contiene un numero troppo ristretto di parole chiave tanto che non risulta significativo per l'analisi che vogliamo portare avanti. Abbiamo bisogno di rimpolpare la lista e, per farlo, utilizziamo una serie di *tool* messi a disposizione dai motori di ricerca. Per il nostro caso decidiamo di confinare l'analisi al mercato italiano e ci concentriamo sul Motore di Ricerca Google.it e i suoi strumenti Google AdWords Keyword Planner, Google Autocomplete, Google Related Searchs, Google Trends. Interroghiamo gli strumenti con le parole chiave del *cluster* alimentazione, e otteniamo una lunga lista di termini correlati che deve essere ottimizzata ossia deve essere ottimizzata per individuare i reali bisogni espressi online dai consumatori, su una base numerica che comprovi che i termini siano effettivamente: presenti nei motori di ricerca e significativi per i motori, usati dagli utenti e importanti per l'impresa.

L'importanza per l'azienda: ad ogni parola chiave viene dato un punteggio da 0 a 10, a seconda dell'importanza che ha rispetto al fine che il responsabile aziendale si è posto. Un punteggio che viene allocato con una logica di tipo qualitativa.

L'importanza per il web: ad ogni parola chiave viene dato un punteggio da 0 a 10. L'indice è sintetizzato dal calcolo dell'indicatore KEI dato dal rapporto fra: KEI = [(Ricerche mensili locali)^2]/ Competizione.

- Ricerche mensili locali - *#of Search*: indica quante volte il motore di ricerca è stato interrogato per quella specifica *keyword* localmente (Italia) in un determinato lasso temporale – ottenibile dallo strumento AdWords.

- Competizione - *competition*: indica quante pagine il motore Google ha indicizzato localmente (Italia) per quella specifica *keyword*, in un determinato lasso temporale – ottenibile dallo strumento AdWords.

Dovendo normalizzare tutti i risultati in base 10 ecco l'approssimazione che si è utilizzata:

KEI <10 → normalizzato a base 10 ottiene un valore di importanza di 9
10< KEI <100 → normalizzato a base 10 ottiene un valore di importanza di 6
KEI> 100 → normalizzato a base 10 ottiene un valore di importanza di 3

L'importanza per l'utente: a ogni parola chiave viene attribuito un punteggio da 0 a 10. Il calcolo del *Keyword difficulty* è dato dalla difficoltà che avremo nel posizionarci per una specifica parola chiave all'interno dei primi risultati della SERP (*Search Engine Research Page*). Maggiore è la difficoltà e maggiore sarà l'interesse a utilizzare quella specifica *keyword* perché prevede utenti strutturati che operano in rete. Per calcolare l'indicatore è necessario interrogare il motore sui singoli termini del *cluster* ed elencare le *url* delle prime due SERP che il motore fornisce come risultato. Questa è la lista di siti web su cui procedere con il calcolo dell'indicatore *Keyword Difficulty*. I valori da considerare per il calcolo del *Keyword Difficulty* sono tanti e variano in base alla realtà d'impresa su cui andiamo a lavorare. Ne consideriamo alcuni che riteniamo siano gli indicatori base: *Page Rank* dello specifico url; *Page Rank* del dominio; numero di *backlink* che puntano all'url; tasso di ottimizzazione della pagina; *Alexa Rank;* segnali *Social;* età del domino; ricerche mensili. Ogni indice avrà un valore che sarà usato per il calcolo del valore medio rappresentante il *Keyword Difficulty* del singolo termine.

Al termine dell'analisi, otteniamo una lista di parole chiave con i relativi tre livelli di importanza con valore [0-10]. L'importanza complessiva sarà data dal calcolo dell'indice di importanza complessivo. Indice di Importanza complessivo = [(importanza per il web) + (importanza per l'utente) + (importanza per la rete)] / 10.

Riordinando la lista con i valori di importanza complessiva decrescenti, ed estrapolando le prime 10 parole chiave, otteniamo il cluster ottimizzato, detto keyword panel. L'analisi procederà su questi primi dieci termini.

Ritorniamo al nostro cluster "alimentazione" e lo ottimizziamo per ottenere il keyword panel. Tramite gli strumenti di Google.it, ricaviamo 300 termini correlati al termine "alimentazione" di cui sotto in tabella riportiamo un estrapolato. Per tutti i termini calcoliamo i tre livelli di importanza, e riorganizziamo la lista in base al valore di importanza complessiva.

Otteniamo così il keyword panel inerente il cluster: alimentazione.

KEYWORD PANEL	IMP. WEB	IMP. UTENTE	IMP. AZIENDA	IMP. COMP.VA
dieta ideale	9	4	10	2,3
dieta per ipertensione	9	3	10	2,2
diete efficaci	9	3	10	2,2
cucinare facile	9	3	10	2,2
prodotti naturali	9	3	10	2,2
ricerca sull alimentazione	9	3	10	2,2
buona alimentazione	9	3	10	2,2
ipertensione dieta	9	3	10	2,2
dieta per ipercolesterolemia	9	3	10	2,2
alimentazione e benessere	9	3	10	2,2
progetto educazione alimentare	9	2	10	2,1
dieta calorie	9	4	7	2
dieta a zona	9	4	7	2
dieta atkins	9	4	1	1,4

Analisi Mercato Italia su motore di ricerca Google.it per il *cluster*: alimentazione.

Il keyword panel rappresenta la sintesi dei bisogni degli utenti espressi online circa la keyword specifica: alimentazione. Questo elenco risponde alla domanda: "Cosa si dice in Internet circa il termine alimentazione?".

Fase2: Il mercato di riferimento: macro segmentazione: in questa fase siamo interessati a identificare i segmenti ossia gruppi di utenti online accomunati dallo stesso bisogno. Il *cluster* è l'espressione di un bisogno di una popolazione di persone che possiamo trattare come se fosse un vero e proprio **segmento d'impresa.** Per questa analisi è necessario dividere il lavoro in due: Segmentazione online e Segmentazione per i soli Social. Dobbiamo verificare i due casi separatamente ma il punto di partenza è sempre il keyword panel identificato in fase 1.

Segmentazione online: ogni parola rappresenta un bisogno, per ogni bisogno, tramite una ricerca su Google.it elenchiamo in una tabella i primi dieci risultati della SERP. Per ogni sito web (url) elenchiamo i link in ingresso e quelli in uscita. La tabella complessiva avrà tre colonne: url sito, backlink, external link. Inseriamo la tabella in un *software* SNA per ottenere la rappresentazione

della Rete Sociale complessiva di tutti i bisogni. Tramite gli indicatori SNA identifichiamo la presenza di eventuali Gruppi cioè: segmenti. L'applicazione pratica di quanto scritto la ritroviamo nel caso spiegato nel capitolo 4.

Segmentazione Social: ripartiamo dal *keyword* panel, ma questa volta iniziamo a lavorare nei *Social Network*. Prendiamo in analisi Twitter, lo interroghiamo per ogni *keyword* appartenente al *keyword panel* e verifichiamo i principali #hashtag citati e correlati ad ognuna delle *keyword*. Il *keyword panel* per i *social* sarà fatto solo dai primi #hashtag identificati - quindi i più citati - per ogni *keyword*.

Interroghiamo Twitter, scaricando tutti i tweet che contengono una delle *keyword* presenti nel *Social Keyword Panel*. Carichiamo il file compilato come spiegato nel capitolo precedente in un *software* SNA per disegnare la Rete Sociale degli #hashtag e identificare la presenza di eventuali gruppi rappresentati i segmenti.

In figura è disegnata la Rete Sociale degli #hashtag con una riclassificazione a seconda dei temi espressi dalle diverse *community*/segmenti di #hashtag. A colpo d'occhio capiamo quanto è importante la tematica alimentazione in generale. Abbiamo trovato 6 segmenti di bisogni.

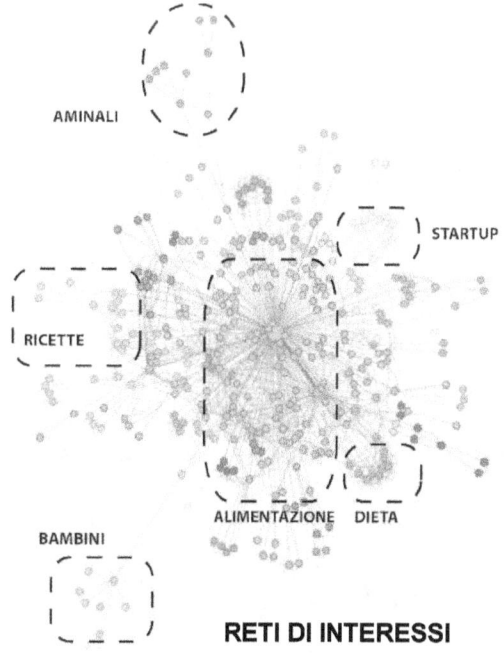

RETI DI INTERESSI

Fase3: Micro segmentazione: è necessario a questo punto non ragionare più per bisogni ma per utenti. Dobbiamo lavorare sugli abitanti dei diversi gruppi/segmenti identificati. Ogni segmento viene analizzato per profilarlo con una descrizione dei suoi abitanti: fascia d'età, interessi, *location*, bisogni correlati (#hashtag citati), menzioni. Ogni segmento sarà collegato a un *report* utile all'impresa per la scrematura dei segmenti nella successiva fase.

Fase4: Identificazione dei segmenti target: Di tutti i segmenti identificati, prima di disegnare la Rete Sociale di utenti, selezioniamo quelli per i quali l'impresa ha un vero interesse. L'attività di segmentazione è interessante perché capace di sondare Internet per identificare segmenti a cui l'impresa non aveva pensato. Dobbiamo però rielaborare la lista mantenendo una coerenza con il *core business* aziendale, scremandola per mantenere solo i segmenti accessibili e attrattivi per l'impresa. L'analisi può essere condotta con l'aiuto dei diagrammi espressi nella parte teorica del modello a cinque punti.

Fase5: Analisi SNA: sui soli segmenti target procediamo con la *Social Network Analysis* per identificare non solo gli influenzatori ma tutti e cinque i ruoli previsti dalla SNA.

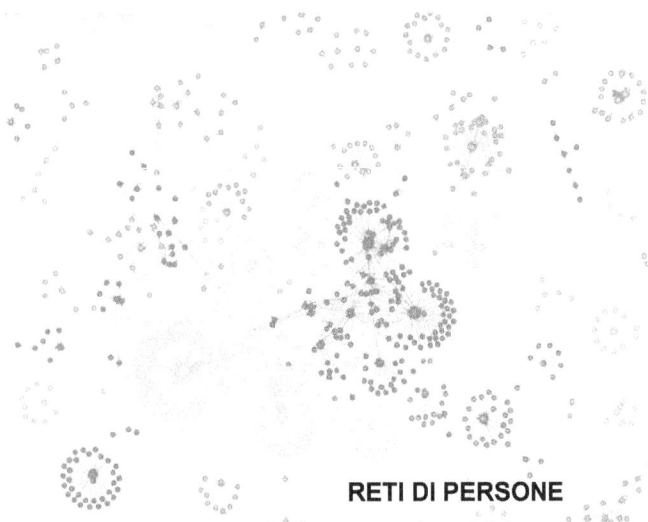

RETI DI PERSONE

Nella tabella sotto sono elencati i principali influenzatori individuati per la tematica alimentazione.

Most influentials (nr RT/Mentions received)
@repubblicait   150 - giallo
@lavonlus   63 - viola
@essereanimali   61 - rosso
@dissapore 46 - azzurro

A questo punto l'analisi è competa: abbiamo identificato la struttura a segmenti del nostro mercato e scelto il segmento target che, studiato con le tecniche SNA, non ha più segreti. Possiamo quindi procedere con un'attività di comunicazione mirata con materiali profilati.

SOCIAL NETWORK ANALYSIS

COME TROVARE E INFLUENZARE I TUOI CLIENTI

CAPITOLO 6

ONLINE MEDIA RELATION

- ASCOLTARE E CAPIRE LA RETE

- MONITORAGGIO DELLA REPUTAZIONE

- MONITORAGGIO DEI TREND

- MONITORAGGIO DEI MEDIA ONLINE

-OPERATION NELLE ONLINE MEDIA RELATION

ONLINE MEDIA RELATION
Fonte: V. Cosenza, Social Media ROI, 2014 | elaborazione personale

Siamo giunti all'ultima fase del COMB MODEL, quella successiva all'acquisto nella quale l'azienda si attiva con le Online Media Relation. Le Online Media Relation sono la declinazione digitale del tradizionale ufficio stampa ma vanno anche oltre perché verificano le valutazioni che i clienti danno del prodotto/servizio acquistato e dell'esperienza fatta attorno al *brand*. Se prima delle Online Media Relation il bacino di riferimento dell'ufficio stampa erano quotidiani, periodici, televisione e radio, oggi le aziende devono considerare anche il web. Considerare il web non significa semplicemente indirizzare le proprie comunicazioni alle testate online, ma anche "ascoltare" i consumatori proattivi quando informano la loro rete sociale circa le loro opinioni verso un prodotto o servizio acquistato. In questa fase del processo d'acquisto, la rete può essere utile alleata dell'azienda per monitorare il *target* e comunicare con lui. Con le Online Media Relation le imprese saranno in grado di tenere la "situazione sotto controllo" comprendendo:

1. Chi tratta online temi di interesse per l'impresa;

2. Cosa si dice del brand/prodotto online;

3. Cosa dicono dell'impresa i media online.

Tre ambiti di analisi che richiedono di attivare procedure specifiche: vediamole brevemente.

Il lavoro ha inizio dall'identificazione dei *cluster* online di interesse per l'impresa. Per ogni interesse possono comparire numerosi *cluster* all'interno di quali si trovano una "miriade" di siti, pagine sui *social*, forum etc. collegati fra fra loro da *"link"* che formano una fitta rete. All'interno di un *cluster* quindi ogni sito diventa un nodo di una rete che possiamo vedere come vere e proprie reti sociali, perché formate da siti che trattano lo stesso tema, gestiti da persone con gli stessi interessi.

ASCOLTARE E CAPIRE LA RETE
Fonte: V. Cosenza, Social Media ROI, 2014 | elaborazione personale

L'Online Media Relation (OMR) è una vera e propria attività di *intelligence* costante, che oltre a conoscere ciò che gli "snodi" scrivono sull'organizzazione, ha anche l'obiettivo di prevenire le crisi e di fornire strumenti efficienti per svolgere la propria attività di *operation*. Il tutto parte da una primaria analisi online fatta con l'intento di circoscrivere il proprio universo di riferimento formato da uno o più *cluster*. Questi *cluster* al loro interno sono organizzati come delle vere e proprie Reti Sociali – *Social Network*. Si procederà così all'analisi delle reti sociali identificate per poi pianificare le attività di contatto/risposta. Vediamo nel dettaglio le tre gambe dell'OMR: Reputation monitoring, Trend monitoring e Media monitoring.

MONITORAGGIO DELLA REPUTAZIONE
Fonte: V. Cosenza, Social Media ROI, 2014 | elaborazione personale

Comprendere di quale reputazione gode un'organizzazione sulla Rete è fondamentale per poter poi intraprendere azioni per modificarla, migliorarla o semplicemente per riposizionare l'organizzazione stessa nella percezione dei suoi utenti/clienti. La *Corporate Reputation* sintetizza il complesso processo percettivo che si forma nella mente degli *stakeholder* dell'impresa in seguito a tutte le sue manifestazioni di comunicazione (esplicite e implicite, dirette e mediate) online. Gli *spider* scandagliano la rete web e leggono siti, blog, forum, pagine e gruppi social ... insomma qualsiasi luogo della rete e qualsiasi conversazione vi si intrattenga, alla ricerca di una o più parole chiave predefinite. Una volta archiviati questi contenuti, sono suddivisi per argomento e catalogati come "positivi", "neutri" o "negativi". Secondo i principi della *Teoria Sociale Cognitiva*, ciò che influenza il pubblico nella formazione della valutazione della reputazione di un'organizzazione è:

• Le caratteristiche della copertura, ovvero il suo ammontare (quanto se ne parla), il grado di positività (come se ne parla) e il livello di attualità. Copertura (t) = Numero di post inerenti l'azienda/ Numero post complessivi.

• Il grado di fiducia (l'autorevolezza) che gli utenti ripongono nel media che esprime una valutazione e la percezione della rilevanza dell'argomento (tasso di interesse).

MONITORAGGIO DEI TREND
Fonte: V. Cosenza, Social Media ROI, 2014 | elaborazione personale

Qualsiasi cosa si dica o si faccia sul Web lascia tracce ben visibili nelle conversazioni online, nei post dei forum e dei blog, nei commenti, nelle interazioni sui social network, nelle scelte dei contenuti che si condividono. Analizzando queste tracce è possibile comprendere gusti, orientamenti e abitudini di consumo, idee, credenze, bisogni di clienti e potenziali clienti.

MONITORAGGIO DEI MEDIA ONLINE
Fonte: V. Cosenza, Social Media ROI, 2014 | elaborazione personale

È un'attività che si concentra sui media online con i seguenti obiettivi:

• Misurare il tasso di copertura delle notizie riguardanti l'organizzazione e individuare gli autori che trattano le keyword monitorate;

• Analizzare il *Sentiment* espresso negativo, neutro, positivo e valutarlo in base al peso che ha il nodo pubblicante;

• Fornire i dati necessari a predisporre un sistema di reportistica da utilizzare come base teorica per lo studio di attività di comunicazione.

Quindi il monitoraggio dei media deve permettere anche di:

• Identificare tutti i *media* di riferimento dell'organizzazione;

• Valutare il peso di ogni pubblicazione, in relazione ad esempio all'ampiezza del *cluster*, sia per il web sia per l'organizzazione;

• Presidiare l'universo Web di riferimento che ne risulta, con un sistema di *alert* che aiuti ad attivare immediatamente le contromisure necessarie per interdire o depotenziare eventuali notizie negative comparse online.

Il *media monitoring* quindi non valuta una fotografia statica della copertura mediatica , bensì monitora costantemente i media consegnando un flusso continuo di informazioni.

OPERATION NELLE ONLINE MEDIA RELATION
Fonte: elaborazione personale

Proponiamo a chi lavora nell'Online Media Relation un programma di lavoro suddiviso in 7 fasi utili:

1) Definizione degli obiettivi;
2) Mappatura delle Fonti;
3) Costruzione del ranking;
4) Recupero dei dati;

5) Analisi dei dati;
6) Reporting;
7) Piano operativo.

Il processo deve essere visto non come un'attività da svolgere una singola volta ma come un processo continuo. Vediamo nel dettaglio ognuna delle sei fasi:

1. DEFINIRE GLI OBIETTIVI

L'analisi deve essere inserita in un più ampio progetto strategico di attività (detto *social network plan*) che deve partire dall'identificazione di precisi obiettivi di *business*. In questa fase bisogna razionalizzare le domande alle quali l'ascolto delle reti sociali create dai *cluster* dovrebbe dare una risposta.

2. LA MAPPATURA DELLE FONTI

Se l'organizzazione è attiva nel settore alimentare, ha poco senso monitorare i luoghi che si occupano di meccanica di precisione. Circoscrivere il proprio universo di riferimento è quindi il primo, fondamentale passo per costruire un sistema di monitoraggio della Rete. Questo monitoraggio avviene tramite *software*. I criteri per definire e isolare una porzione del web possono essere i più vari: si possono selezionare i siti in base alla rilevanza, all'autorevolezza, al volume di traffico oppure alla tipologia (tutti i quotidiani online, tutti i portali verticali, tutti i blog, i forum ecc.). Vediamo alcuni esempi di segmentazione delle fonti:

Criterio tematico: il settore in cui l'azienda opera: es. edilizia

Criterio della rilevanza: fonti che possono potenzialmente raggiungere più persone o essere in grado di influenzare altre fonti. Ad esempio i Portali specialistici.

Criterio territoriale: per le aziende che operano in più mercati geografici è utile scovare i luoghi di discussione più rilevanti.

Criterio linguistico: fonti suddivise per lingua scritta/parlata.

Criterio temporale: rispetto a un arco di tempo prefissato.

Criterio formati: blogs, microblogs, bookmarks, commenti, eventi, immagini, news, video, audio, tutto.

Il risultato è un insieme finito e omogeneo di siti, un elenco che va adesso pesato seguendo un ranking.

3. LA COSTRUZIONE DEL RANKING PER LA VERIFICA DELLE FONTI

I siti non sono tutti uguali: il peso di un sito dipende da 3 livelli di importanza. Analizziamoli.

Autorevolezza per il web: molti sono gli indici che si possono utilizzare per definire se un portale è più autorevole rispetto ad un altro. I principali sono: Google Page Rank e Visitatori Unici del sito. Il *Page Rank* di Google è una misura dell'autorevolezza e della popolarità di un sito, stabilita democraticamente dalla Rete stessa. Ma non tutti sulla rete interagiscono, bisogna quindi controbilanciare questo indice, utilizzando il dato dei Visitatori Unici: indice che misura il numero degli utenti che tornano su un sito almeno due volte in un dato lasso di tempo. Questi due indici insieme descrivono, in maniera sufficientemente esaustiva il peso che un sito ha in termini di autorevolezza e popolarità e quindi la sua capacità di diffusione dell'informazione. Ad ogni sito analizzato in base a questi due fattori dobbiamo attribuire un peso es. da 1 a 10 calcolato come media dei 2 valori considerati. Un altro metodo interessante è calcolare l'indice di importanza per il web dato dal calcolo del KEI (vd. caso pratico al capitolo: Social Network Analysis).

Autorevolezza per il cluster: gerarchizzare l'universo web è un passaggio fondamentale per organizzare in maniera efficiente il lavoro dell'Online Media Relation. Per stabilire il peso che ogni sito ha all'interno di una data nicchia (*cluster*) posso utilizzare gli stessi indicatori: Google PR e Visitatori Unici ma non basta. Devo intraprendere un'analisi di tipo qualitativo. Il peso di ogni singolo snodo devo tradurlo in un numero che va da 1 a 10, si otterrà così un indice di importanza relativa al *cluster*. Un altro metodo interessante è calcolare l'indice di importanza per il *cluster* calcolando il keyword difficulty (vd. caso pratico al capitolo: Social Network Analysis).

Autorevolezza per l'azienda: con lo stesso sistema possiamo rappresentare l'importanza relativa del sito rispetto all'azienda. In questo caso il valore va assegnato in maniera completamente arbitraria. Sta infatti all'Online Media Relation stabilire una scala – anche qui da 1 a 10 – con la quale descrivere l'importanza che il sito ricopre per l'organizzazione.

Calcolando una media fra i 3 livelli di importanza, otterremo un unico indice rappresentativo dell'importanza assoluta di quel sito. Ma, cosa ancor più importante, attraverso la "posizione" gerarchica del sito è possibile "pesare" un articolo, valorizzandone immediatamente la potenzialità virale. Possiamo inoltre creare un panel di siti rankizzati, stabilire alcune fasce di priorità che riflettano il valore gerarchico dei singoli siti e decidere per ogni fascia il lasso di tempo entro cui vogliamo che il nostro *spider* torni a monitorare i siti che ne fanno parte.

4. RECUPERARE I DATI

Le fonti online producono enormi quantità di dati ogni giorno. Compito dell'analista è capire come recuperare questi dati e poi analizzarli. Tra le tecniche più comuni per il recupero dei dati c'è il: *data scraping* che consente di raccogliere dati contenuti in siti di proprietà tramite uno spider che ricerca le parole chiave impostate dall'utente. Una volta individuate le pagine, che contengono queste parole chiave, il *software* ne fa una copia. *Software* che fanno *data scraping* sono ad esempio: Alterian SM2, Radian6, Sysomos, IBM Watson Analytics.

5. ANALIZZARE I DATI

La mole di dati provenienti da varie fonti online deve essere analizzata per diventare "informazione". L'analisi richiede la predisposizione preventiva di una tassonomia attraverso la quale procedere a classificare i messaggi rilevati.

Il sistema di classificazione, che viene solitamente identificato con il nome di **albero**, è di natura gerarchica per permettere una più puntuale analisi successiva. I **rami dell'albero** vengono definiti **classi o nodi**. Scorrendo l'albero dal basso verso l'alto, troveremo delle classi sempre più di dettaglio rispetto all'argomento. La relazione tra albero e classi riguarda anche l'appartenenza degli elementi a uno stesso campo semantico o dominio principale. Ad esempio quando interroghiamo Google, la nostra *query* di ricerca rappresenta un campo semantico, la *query* e i risultati in *serp* (*Search Engine Research Page*) rappresentano un **albero** mentre l'insieme dei singoli risultati della *query* rappresentano una **classe** (rami) quindi all'interno della stessa classe ho "url" che trattano lo stesso tema. Esempio:

Albero: macchine usate;

Classe1: vendita macchine usate;
Classe2: Pezzi di ricambio.

I *software* di analisi scandagliano ogni classe per ricercare e poi categorizzare i contenuti dei siti, restituendo informazioni molto dettagliate. I rami (classi) possono essere numerosi e contenere al loro interno molti url. Sarà quindi necessario definire il livello di dettaglio a cui siamo interessati. Questa mole di dati raccolti deve a questo punto essere analizzata: vediamo di seguito come procedere.

Analisi quantitativa: rivela il volume delle discussioni riguardanti una certa tematica. La numerosità dei messaggi va considerata in congiunzione con la variabile tempo e/o rispetto alla numerosità dei messaggi riguardante i *competitor*. In questo modo calcoleremo lo *share of voice* di un certo brand, prodotto o azienda. *Valutazione dinamica*: scoprire che un certo brand è stato citato sui social media 10.000 volte durante un anno ha scarso valore. Rilevare le citazioni mese per mese offre invece l'opportunità di analizzare i *trend* o di individuare eventuali momenti in cui le conversazioni calano di volume. Mettendo in rapporto volumi mensili o settimanali e le attività di comunicazione svolte dall'azienda permette di misurare l'impatto volumetrico delle azioni dell'azienda sulle conversazioni delle persone. *Valutazione competitiva*: considera la numerosità dei messaggi che hanno ad oggetto l'azienda e i suoi concorrenti. In tal modo si ottiene un quadro preciso della così detta *Share of Voice* dell'azienda, ossia della percentuale di discussioni che la riguardano rispetto a quelle riguardanti gli altri attori del suo settore, nello stesso arco temporale considerato.

Analisi qualitativa: si analizzano le conversazioni online o i singoli messaggi per calcolarne il Sentiment, che indica se un'opinione espressa verso un'azienda, un prodotto o un servizio è positiva, negativa o neutra. Il *Sentiment* può essere individuato in tre modi:

1. Manuale: è l'analista a leggere i messaggi acquisiti. In questo caso il sistema di rilevazione mostra il messaggio acquisito e propone all'analista una griglia di opzioni per catalogare il messaggio.

2. Automatico: i *software* di monitoraggio come socialmention.com realizzano il *Sentiment mining* e attribuiscono a ogni messaggio sentiment positivo, negativo o neutro. È un metodo più veloce soprattutto su grandi volumi di conversazioni ma impreciso.

3. Misto: dopo l'analisi automatica effettuata dal *software* possiamo estrarre un campione di analisi ed eseguire un controllo manuale.

4. Analisi del luogo: cataloga e analizza i luoghi online nei quali avvengono le conversazioni. Permette di scoprire i siti web che parlano molto dell'azienda e quelli che ne parlano troppo poco aprendo la via alla pianificazione di attività aziendali mirate ad aumentare le discussioni in luoghi precisi. Per esempio, se un forum tematico cita un'azienda in modo negativo. Il *management* di quell'azienda potrebbe decidere di sviluppare all'interno del forum una presenza continuativa per rispondere alle domande degli utenti e provare a modificare le loro percezioni negative. Un'altra analisi che si potrebbe fare, è quella relativa ai *backlink* dei siti più frequentemente linkati nelle discussioni riguardanti l'azienda.

5. Analisi delle persone: si tratta dell'analisi delle persone che parlano di un brand. Questa fase mira a identificare i soggetti che, in un certo periodo di tempo e in un certo luogo della rete, sviluppano più conversazioni di altri. Per ogni autore identificato è importante calcolare la sua rilevanza all'interno del *cluster* di appartenenza, per capire se l'autore è un influenzatore, un amministratore del forum o un utente che contribuisce poco. Il numero dei messaggi prodotti dovrà essere ovviamente analizzato per individuarne anche il sentiment (positivo, negativo, neutro).

6. REPORTING

È l'attività di messa a punto della reportistica, indispensabile da produrre periodicamente. Una sintesi delle informazioni che servirà per ridefinire le successive attività da pianificare.

7. PIANO OPERATIVO

Dall'analisi dei report si proporranno delle azioni operative, che dovranno essere sempre coerenti con gli obiettivi aziendali.

SOCIAL NETWORK ANALYSIS
COME TROVARE E INFLUENZARE I TUOI CLIENTI

CONCLUSIONI E BIBLIOGRAFIA

CONCLUSIONI

Se i mercati sono conversazioni, come affermava il vecchio ma sempre attuale "Cluetrain Manifesto" di Chris Anderson, e ci dedichiamo ad ascoltarli possiamo conoscere l'oggetto di queste conversazione e magari parteciparvi, proponendo soluzioni (che possono essere nostri prodotti e servizi). Questo è il punto di vista che questo manuale pratico si pone proponendo un metodo operativo e sicuro per ascoltare la rete e mettere il turbo alle vendite.

Internet appare come un "mondo" senza confini, ma in realtà i confini ci sono e posso essere bene identificati e misurati. Anche le conversazioni online possono essere tracciate: possiamo capire chi sta parlando e di cosa sta parlando, disegnando fitte reti sociali formate da numerosi utenti che si scambiano opinioni, impressioni, recensioni e commenti su specifiche tematiche. Immagina ora di ascoltare una rete di persone molto vasta e di scoprire che sta parlando male proprio della tua marca. La cosa non ti farebbe certo piacere e il peggio è che i commenti negativi tendono a suscitarne altri dello stesso tenore. Con il passare delle ore, probabilmente vedresti sempre più persone commentare negativamente la tua marca e, nel giro di una giornata, potresti renderti conto di avere un piccolo esercito online, pronto a scagliarsi contro la tua azienda.

Una fantasia? La verità è che gli utenti "dicono la loro *online*" continuamente e hanno il brutto vizio di non rispettare il più basico "*bon ton*". Online ci si esprime senza filtri.

Fino a quando le imprese non capiranno la rilevanza che il web ha oggi nella formazione della reputazione della nostra azienda, marca, idea (o anche di noi stessi se siamo professionisti che lavorano di *personal branding*) rimarremo in balia degli eventi. *Offline* questi "eventi" possono essere maggiormente visibili e forse prevedibili ma *online*, se non ci poniamo ad ascoltare la rete, potrebbero assediarci senza che nemmeno ce ne accorgiamo.

Bisogna quindi smettere di dormire sogni tranquilli? Assolutamente si. È possibile però dotarsi di un piccolo ufficio di 007, capace di prevenire crisi aziendali che potrebbero nascere proprio dal non ascolto dei clienti che "vivono" anche *online*. Come fare tutto ciò?

Il questo libro potrai scoprire tutto sul Comb Model: un modello innovativo capace di aiutare le imprese a intraprendere questa strada di "ascolto" della rete. Solido e sicuro, il modello accompagna per mano l'operatore. Al suo interno, inoltre, individuiamo ulteriori modelli operativi semplificati, che formano l'operatore su tutte le tecniche necessarie per ascoltare e influenzare le reti sociali.

A termine del libro, avrai una preparazione che ti permetterà di metterti subito all'opera e di garantire come minimo un miglior controllo della reputazione della tua azienda, prodotto, persona o idea. Con il tempo e la pratica, potrai gestire l'informazione e non più subirla.

Unica raccomandazione che mi sento di darti è questa: bisogna sempre considerare il forte potere che ha l'opinione pubblica, soprattutto *online*. Anch'essa è globalizzata e, se "infastidita" o ingannata, è capace di distruggere brand, aziende, prodotti e reputazioni personali.

Ora che hai acquisito tutti gli strumenti per influenzare, ti auguro buon lavoro... ma sempre con etica!

Alessandro

BIBLIOGRAFIA

Bughin, Doogan, Vetvik, A new way to measure word-of-mouth marketing McKinsey - Report April 2010

Olivero, Russo, Manuale di Psicologia dei Consumatori, McGraw Hill, Milano 2009

Confetto, Il two-step flow nel processo di comunicazione dell'impresa sistema vitale, Università di Salerno

Report Augure: Reputation in Action 2015

Carrington, Scott, Wasserman, Models and Methods in Social Network Analysis (Structural Analysis in the Social Sciences), Cambridge University Press, 2005

Wasserman, Faust, Social Network Analysis: Methods and Applications, Cambridge University Press, 1994

Chieffi, Online Media Relations, Il Sole 24 Ore, 2011

Mura, Pierantoni, Business analytics e risorse umane, Università Bologna, 2013

Frongia, Social Network Analysis: un'introduzione ai metodi e agli strumenti, Data Science, 2006

Bastian, Heymann, Jacomy, Gephi: Gephi : An Open Source Software for Exploring and Manipulating Networks

Cosenza, Social Media ROI, Apogeo, 2014

Davidson, Harel, Drawing graphs nicely using simulated annealing, Weizmann Inst. of Science, Israel, 1989

Lambin, Market-Driven Management. Marketing strategico e operativo, McGraw-Hill, 7/ed 2016

www.ingramcontent.com/pod-product-compliance
Lightning Source LLC
Chambersburg PA
CBHW081100180526
45170CB00005B/1835